BRUCKMANNS
LÄNDERPORTRÄTS

# FLORIDA

Ausser Mickey Mouse, schnee-
weissen Badestränden, von Alligatoren
bevölkerten Sümpfen und
pulsierendem Grossstadtleben
besitzt Florida noch etwas
ganz Besonderes:
eine bedeutende Vergangenheit.
In diesem Teil der USA begann die
neuere Geschichte Nordamerikas
mit den ersten europäischen
Siedlungsversuchen.

BRUCKMANNS
LÄNDERPORTRÄTS

# FLORIDA

MANFRED BRAUNGER

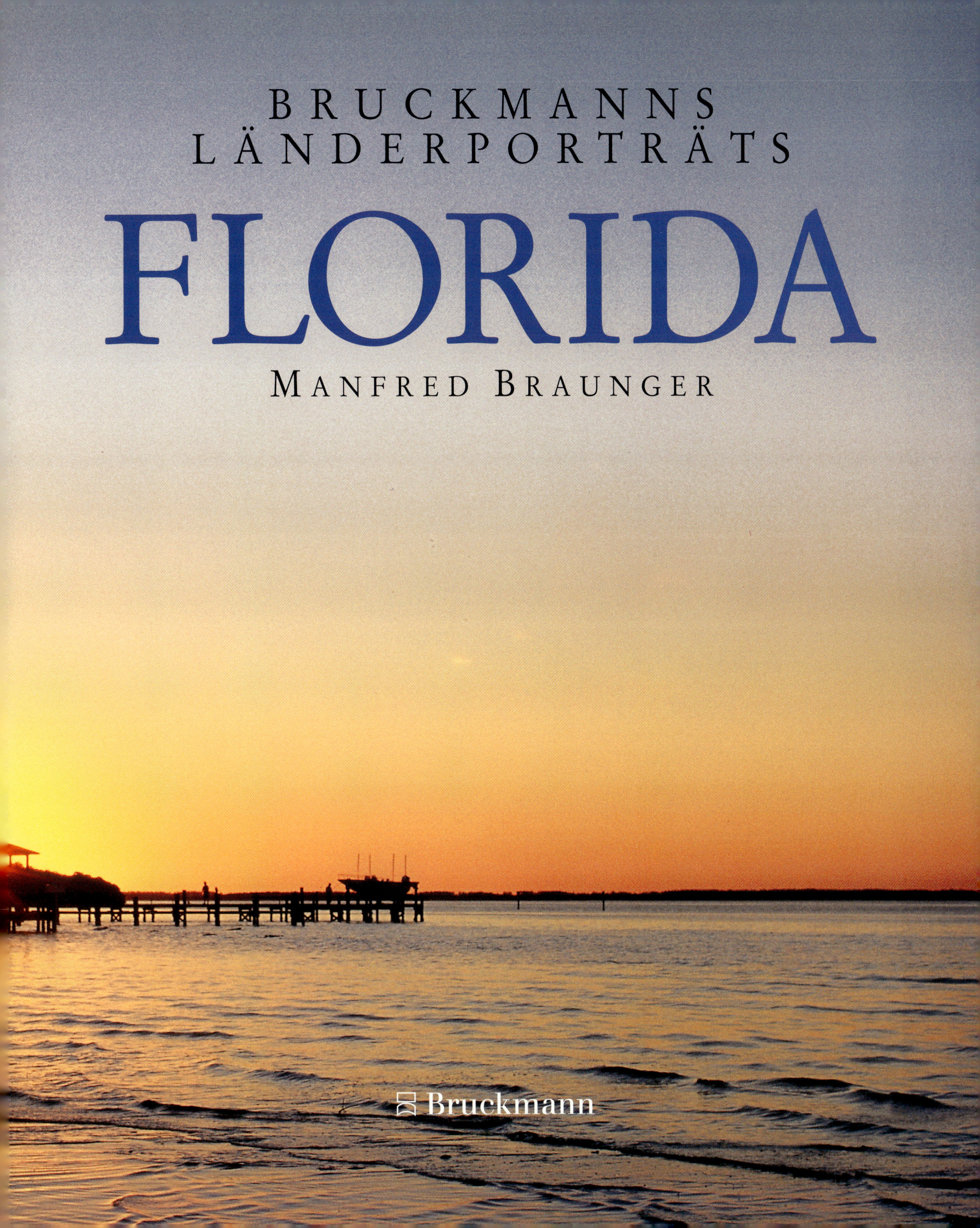

Bruckmann

# Inhalt

## KALEIDOSKOP 6

Moderne Kunst in Downtown Miami

Oldtimer am Ocean Drive in Miami Beach

Strandlokal in Clearwater

## LANDSCHAFTEN UND REGIONEN

Shrimp-Flotte auf Amelia Island

Alligator in den Everglades

Die Comic-Maus auf dem Dach einer Bar auf Islamorada hat gewissermaßen Symbolcharakter: Im »Sunshine State« ist Relaxen angesagt. Hektik herrscht nur in den wenigen Großstädten, während man auf dem Land gerne »die Seele baumeln läßt«.

# Kaleidoskop

Surfen, Sonnenbaden und Sightseeing – Florida entspricht dem Traum vom Erlebnisurlaub bis aufs I-Tüpfelchen. Der »Sunshine State« präsentiert sich gerne als Land in der Hängematte. Nicht zu Unrecht. Selbst wenn Mitteleuropa im Schneematsch versinkt, herrscht im subtropischen Inselreich der Florida Keys sommerlicher Badebetrieb an weißen Palmenstränden. Schließlich liegt Amerikas südöstlichster Landzipfel nur einen Katzensprung von der Karibik entfernt.

Bis am Abend am Strand von Miami Beach die Sonnenschirme eingesammelt werden, vergnügt sich jede(r), so gut es geht – beim Sonnenbaden, Surfen, Joggen oder beim Modellieren von starken Männern aus feuchtem Sand.

Kunstsammler John Ringling trug in Sarasota an der Golfküste nicht nur Barockkunstwerke aus aller Welt zusammen. Er ließ sich auch eine prachtvolle Privatresidenz errichten, die mit ihrer verspielten Architektur einem exotischen Märchenpalast ähnelt.

Fast 50 Sommer verbrachte der geniale Erfinder Thomas Edison in seinem Ferienhaus in Fort Myers, um das herum er einen üppigen Garten ganz nach seinen Vorstellungen anlegte.

Exotischer Laufvogel

Kokospalme mit reifen Nüssen

Schwarzer Kormoran

Blühender Bougainvillea-Strauch

Rotborkiger Gumbo-Limbo-Baum

Langhalsiger Graureiher

Brauner Pelikan

Rote Hibiskusblüte

Exotische Blüte

Weißer Tiger in den Busch Gardens in Tampa

Wenn die Nacht über Miami hereinbricht und sich im Hafenbecken von Bayside Marketplace die Lichter zu spiegeln beginnen, enthüllt Miami sein unnachahmliches karibisches Flair.

AMERIFIRST

# Willkommen in Florida

Abgesehen vom südlichen Kalifornien gibt es auf amerikanischem Boden keine Region, die so sehr Urlaubsträume weckt wie Florida. Ganzjährig sonniges Klima, schneeweiße Strände, dampfende Mangrovensümpfe, Orangenplantagen mit einem im Frühjahr betäubenden Blütenduft, die größten Vergnügungsimperien der Welt um Mickey Mouse, Donald Duck und High-Tech-gesteuerte Superattraktionen, dazu Gelegenheiten, um total zu versumpfen – nicht nur in den neonbeleuchteten Clubs und Bars von Miami Beach, sondern auch in den riesigen Everglades, wo die Alligatoren so zahlreich vorkommen wie hierzulande die Spatzen. All diese Reize machen den »Sunshine State« zu einem Refugium für Abenteuerurlauber und Erholungsuchende aus vielen Teilen der Welt. Die Bezeichnung Sonnenscheinstaat trägt dieser Teil Amerikas übrigens zu Recht. Statistiker zählen Jahr für Jahr etwa an der Golfküste sage und schreibe 361 Sonnentage.

## Vom Meer umschlungen

Was macht Florida als Ferienparadies eigentlich so einzigartig? In allererster Linie die 6000 Kilometer lange Meeresküste. Kein anderer Staat im zusammenhängenden Bundesgebiet der USA gibt sich so meerverbunden wie Florida. Keine Stelle des Territoriums liegt weiter als zwei Autostunden von einer Küste entfernt. Im Osten bildet der manchmal recht ungestüme Atlantik die »Grenze« mit Küstenstädten wie dem karibisch angehauchten Miami, dem Weltraumbahnhof Cape Canaveral, einem in den studentischen Semesterferien regelmäßig ausflippenden Daytona Beach und ganz im Nordosten dem fast europäisch wir-

kenden St. Augustine, der ältesten ständig besiedelten Stadt in Nordamerika.

Im Süden zerbröselt die fast 200 Kilometer lange Inselkette der subtropischen Florida Keys in den warmen Gewässern der Karibik. Teilweise sind die Inseln so klein, daß man sie hinter sich hat, bevor man den Fuß vom Gaspedal nimmt. Andere wie etwa Key Largo tragen nicht nur bekannte Namen, sondern bilden schon längst touristische Hochburgen mit stolzen Ansammlungen von gepflegten Hotelanlagen. Je weiter man beim Inselhüpfen nach Süden vordringt, desto exotischer zeigt sich die Natur – vom Lebensstil der dort lebenden Menschen einmal ganz abgesehen. Das ist kein Wunder. Key West, das letzte Eiland im äußersten Südwesten und ehemals Refugium von Ernest Hemingway, liegt 150 Kilometer von der Zuckerinsel Kuba entfernt.

Schließlich kann auch der Westen des Landes mit seinen maritimen Verlockungen protzen. Von Key West bis in den äußersten Westen an die Grenze Alabamas wird Florida vom je nach Wetterbedingungen blauen oder smaragdgrünen Golf von Mexiko gesäumt. Von Palmen begrünte Buchten, Landvorsprünge, kleine und große Robinson-Inseln, Sumpfgebiete und Städte wie Fort Myers, die Geschwister St. Petersburg und Tampa, die Schwammtauchermetropole Tarpon Springs und die Badehochburg Panama City Beach machen auch diese Küste zu einem äußerst abwechslungsreichen Erlebnis.

Die Attraktivität Floridas hat sich nicht erst in jüngster Vergangenheit herumgesprochen. In den USA liebäugelten gut betuchte Urlauber schon vor über 100 Jahren mit dem damals noch abgelegenen und moskitoverseuchten Landzipfel. In den kalten Wintermonaten sagten Industrielle, Geschäftsleute und Politiker den nördlichen Bundesstaaten nur allzu gerne adieu und ließen sich im sonnigen Süden von frühlingshaften Temperaturen verwöhnen, während in Chicago und Minneapolis die Leute vor lauter Schnee kaum aus ihren Haustüren kamen.

Zu den echten Pionieren des Florida-Tourismus gehörte Julia Tuttle, die Ehefrau eines Konzernbosses aus Cleveland in Ohio. Sie ließ sich 1875 vom Postdampfer an der Atlantikküste beim heutigen Miami absetzen, einem gottverlassenen Flecken mit einem indianischen Handelsposten und einem Hinterland, das selbst für Ochsenkarren zu unwegsam war. Die nächste Eisenbahnstation in Palm Beach lag fast 100 Kilometer entfernt, und Julia Tuttle versuchte vergeblich, den schwerreichen Eisenbahnkönig Henry Morrison Flagler dazu zu bewegen, den Schienenstrang bis nach Miami weiterzuführen. Als ein katastrophaler Kälteeinbruch die im zentralen und nördlichen Florida liegenden Orangenkulturen vernichtete, kam die gewitzte Dame auf eine glänzende und zugleich überzeugende Idee. Sie ließ ein Bündel zarte Orangenblüten an Flagler schicken, der sich diesem Argument offenbar nicht mehr verschließen konnte und seine Eisenbahn bis Miami baute.

Wie in vielen anderen Regionen der USA war die Erschließung des Landes durch die Eisenbahn der Hauptanstoß für die in den folgenden Jahrzehnten einsetzende Wirtschaftsentwicklung. Vor allem in den zwanziger Jahren wurde die Gegend um Miami von Immobilienhändlern und Grundstücksspekulanten aus ganz Amerika überschwemmt. Grundstücke und Bau-Areale vervielfachten ihren Preis zum Teil innerhalb von wenigen Tagen und Wochen. Mit einem schweren Hurrikan im Jahre 1926 und der beginnenden Weltwirtschaftskrise 1929 erlebte zwar auch das südliche Florida katastrophale wirtschaftliche Einbrüche. Dennoch setzte sich in den dreißiger Jahren der Bauboom mit dem Aufbau des im Art-déco-Stil gehaltenen Zentrums von Miami Beach fort, und auch die Touristen begannen wieder in den sonnigen Orangenstaat zu strömen.

Nach dem Zweiten Weltkrieg avancierte Miami quasi zur offiziellen amerikanischen Winterhauptstadt für Stars und Sternchen aus dem Showbusineß. In Kreisen der High-Society galt es als schick, die kalte Jahreszeit unter Palmen zu verbringen und an den Stränden für den Teint zu sorgen,

**Florida ist für seine Sonnenuntergänge berühmt. Hauptsächlich an der Golfküste zieht der späte Tag häufig alle dramaturgischen Register. Bei Yankeetown verschönern das Szenario vorgelagerte, von schlanken Palmen bewachsene Inseln.**

der einen im Frühjahr von den immer noch bleichen Zeitgenossen in Neuengland und im eben erst vom Eis befreiten Mittleren Westen unterschied.

Ende der fünfziger Jahre brach nach Fidel Castros erfolgreichem Putsch auf Kuba die erste Welle kubanischer Flüchtlinge über Miami herein, die wegweisend war in eine neue Ära der Stadt. Denn bis in die Gegenwart ist die Einwanderung von spanischsprechenden Bevölkerungsteilen aus mittel- und südamerikanischen Ländern, hauptsächlich aber aus der Karibik, nicht abgerissen. Floridas südlichste Metropole veränderte ihr Gesicht unter diesem Einfluß sehr nachhaltig und ist inzwischen eigentlich nur noch territorial Teil der USA, während sie demographisch eher zum karibischen Raum gehört. Etwa die Hälfte ihrer Einwohner spricht spanisch. In manchen Stadtteilen wie etwa in Little Havana ist Englisch unter den Einheimischen eine Fremdsprache.

Die siebziger und achtziger Jahre warfen schwarze Schatten auf die Großstadt, die mit Kriminalität, Rassenunruhen und Drogenhandel zu tun bekam. Gleichzeitig begann sich aber auch eine Besserung der wirtschaftlichen Situation abzuzeichnen, indem Miami vom wachsenden Handelsvolumen mit lateinamerikanischen Staaten profitierte.

In diese Ära platzte die Krimi-Serie »Miami Vice« um ein schwarz-weißes Cop-Duo im maßgeschneiderten Flatterlook und mit frisch geföhnten Frisuren. In den einzelnen Episoden ging es weniger um kriminalistische Puzzle-Arbeit und geniale Fahndungsschachzüge, sondern vielmehr um Designerklamotten, schnelle Motor-

boote, einen dollarschweren, extravaganten Lebensstil – und natürlich um die Kulisse Miami im Schatten schlanker Palmen und im zuckenden Laserlicht todschicker Diskotheken. »Unglaublich, Miami hat alles, worauf es ankommt«, jubelte die »Washington Post« nach dem Pilotfilm und gab der amerikanischen Schickeria damit einen deutlichen Hinweis auf die am Horizont heraufdämmernde neue Trendsetter-Metropole. Mit der TV-Serie begann auch Miamis Public-Relations-Apparat auf Hochtouren zu laufen. Alle Welt warf begehrliche Blicke auf dieses »coole« und doch so heiße Pflaster.

Längst sind auch Reisende aus Europa auf den Geschmack gekommen und treten zwischen November und März die Neun-Flugstunden-Flucht an die langen Strände von Miami Beach an, wo man, statt Schnee zu schippen, Muscheln sammelt und Sandburgen baut. Die Tourismusstrategen des Landes haben die Gunst des Klimas längst erkannt und erfolgreich unter dem Motto vermarktet: »Florida kennt nur zwei Temperaturen: warm und wärmer.«

## Schatztaucher

Einer, der sich sehr intensiv mit den versunkenen Schätzen um die Küsten Floridas beschäftigt, ist der aus Kalifornien stammende Mel Fisher, wahrscheinlich der bekannteste professionelle Schatztaucher der Welt. Mit ausgeklügelten Methoden und großem technischem Aufwand rückte er den verborgenen Unterwasserreichtümern zu Leibe und hob die Frachten einiger spektakulärer Wracks, die zum Teil im Mel Fisher Maritime Heritage Museum in Key West ausgestellt sind. Dazu gehören nicht nur glitzernde Geschmeide und Goldbarren, sondern etwa auch die Schiffsglocke des Sklavenschiffes »Henrietta Marie«, das im Jahre 1700 vor Key West sank.

Doch diese günstigen Voraussetzungen waren nicht der einzige Grund für die Entstehung einer milliardenschweren Tourismusindustrie. Europäische Reisende wertschätzen im Süden Floridas hauptsächlich das unverkennbare karibische Flair, das nicht nur Miami, sondern auch die gesamte Inselwelt der Florida Keys umgibt. Kein Wunder. Wie die Perlen einer Kette reihen sich die Inseln aneinander und tasten sich vorsichtig in die Karibik hinein. Von Key West, dem jahrelangen Domizil von Ernest Hemingway, ist Kuba mit dem Motorboot in drei Stunden erreichbar. Hübsche Holzhäuser, überbordende tropische Gärten und eine unbändige Lebensfreude der Bevölkerung verleihen diesem letzten Inselflecken der USA das Flair eines abgesprengten Ablegers der Zuckerinsel.

Genauso lebhaft, wenn auch mondäner und städtischer, geht es auf dem Ocean Boulevard in Miami Beach zu. Die Hausfassaden der nur einen Steinwurf vom Sandstrand entfernt gelegenen Art-déco-Paläste verwandelten sich in den vergangenen Jahren quasi zu einem offenen Museum für Neonkunst. Sobald kühlere Abende Nachtschwärmer und Disco-Gänger auf die Straße locken, dekorieren sich Hotels, Bars und Restaurants mit Schriftzügen aus knallbunten Leuchtstoffröhren. Entfernt ist die Brandung des Atlantik zu hören, der seine Brecher jenseits der Palmenhaine den Strand hinaufrollt wie eh und je.

Das knapp 360000 Einwohner große Miami ist zwar die bekannteste, nicht aber die größte Stadt Floridas. Diese Ehre gebührt dem auf 635000 Menschen angewachsenen Jacksonville im äußersten Nordosten, einer modernen Industrie- und Geschäftsstadt am Ufer des St. John's River, in der statt einem extrovertierten Lebensstil eher nüchterne Sachlichkeit regiert. Die Atlantikküste zwischen den beiden Städten läßt sich gerne die traditionelle Badeküste des Sonnenscheinstaates nennen. Sie wurde bereits im ausgehenden 19. Jahrhundert durch Flaglers Eisenbahn touristisch erschlossen und konnte sich über Jahrzehnte Schritt um Schritt entwickeln. Sie zählt neben den Florida Keys zu den international bekanntesten Landesteilen, liegen dort doch Touristenhochburgen wie der amerikanische Weltraumbahnhof Kennedy Space Center am Cape Canaveral, die Millionärsenklave Palm Beach mit ihren exklusiven Luxusvillen, das motorsportbegeisterte Daytona Beach und nicht zu vergessen Floridas historisches Glanzlicht St. Augustine, das im Jahre 1565 durch die Spanier gegründet wurde.

## Schätze wie Sand am Meer

Ein gutes halbes Jahrhundert zuvor hatte der spanische Entdecker Juan Ponce de León die Halbinsel Florida überhaupt erst entdeckt. Am 3. April 1513 setzte sein Schiff an der Küste bei der heutigen Stadt St. Augustine Anker. Weil dem Kalender nach zu dieser Zeit in Spanien mit Ostern das Fest der Blumen (»pascua florida«) gefeiert wurde, fiel die Namensgebung für das neuentdeckte Land nicht schwer. Andere Seefahrer folgten den Routen von Ponce de León und waren ebenso wie er von der Idee besessen, ähnliche Reichtümer zu finden wie Francisco Pizarro im Inka-Reich in Südamerika einige Jahre zuvor. Viele von dort nach Europa zurücksegelnde Schatzschiffe machten in Florida Station, um Frischwasser und Verpflegung an Bord zu nehmen oder Schutz vor den häufigen Hurrikans zu suchen. Nicht selten wurde diesen mit Gold und Silber beladenen Karavellen das Wetter um die Florida Keys und vor der Ostküste zum Verhängnis.

Noch heute trägt der Atlantikabschnitt nördlich von Palm Beach bis zum Sebastian Inlet den Namen »Schatzküste«, weil dort zahlreiche mit Kostbarkeiten beladene Schiffe in schweren Stürmen auf Grund gingen. Im Jahre 1715 sank bei einem katastrophalen Hurrikan eine gesamte Flotte von einem Dutzend Schiffen, die nicht nur über 1000 an Bord befindliche Menschen in ein nasses Grab mitnahmen, sondern auch unermeßliche Reichtümer. Nicht umsonst gehört das Wracktauchen an Floridas Küsten zu den großen Urlaubsabenteuern. Auch auf den Florida Keys sind die Voraussetzungen für den Unterwassersport zum Teil ausgezeichnet.

Mit Preziosen aus Gold und Silber kann zwar Floridas Küste am Golf von Mexiko nicht aufwarten. Dafür glänzt dieser malerische Küstenstrich mit landschaftlichen Schätzen, die noch viel weniger bekannt sind als diejenigen der Atlantikküste. Erst in den achtziger Jahren begannen das Inselreich des Lee County bei Fort Myers, die Tampa Bay und die Pinellas-Halbinsel zwischen St. Petersburg und Clearwater den Anschluß an den internationalen Tourismus zu finden. Heute lassen die dort liegenden Städte und Gemeinden gerne durchblicken, daß ihre Küste noch wesentlich unverbrauchter ist als der Atlantiksaum im Osten.

Kenner wissen: Da ist etwas dran, wenngleich etwa der gesamte Golfstrand der Pinellas-Halbinsel von einer nicht abreißenden Reihe von Hotels, Motels, Imbißstuben, Bootsvermietungen und Apartmenthäusern begleitet wird. Aber der Strand selbst ist unverbaut und der Öffentlichkeit zugänglich – glücklicherweise. Nur ein paar Schritte von Diskotheken und Bars entfernt, zieht sich der weiße Sandsaum am Golf von Mexiko hin, der abends Einheimische wie Fremde gleichermaßen zum großen Naturschauspiel Sonnenuntergang einlädt – an manchen Tagen eine Inszenierung, die an Dramatik und Farbenpracht nicht zu überbieten ist.

## Muschelsammler und Investoren

Die berühmtesten Inseln der Golfküste »belagern« die Mündung des mächtigen Caloosahatchee River bei Fort Myers. Während die Stadt heute noch davon zehrt, daß der geniale Erfinder Thomas A. Edison dort bis zu seinem Tod 47 Winter verbrachte, machten die beiden Hauptinseln Sanibel Island und Captiva Island seit Mitte der sechziger Jahre eine tiefgehende Veränderung durch. Nachdem 1963 die Inselwelt gegen den massiven Widerstand vieler »Insulaner« per Damm mit dem Festland verbunden wurde, brach dort die Zeit der Investoren und Grundstücksspekulanten an und bescherte den Inseln ein potentes Angebot an Hotels und Resorts hauptsächlich der oberen Preisklasse. Die Strände sind wie eh und je ein wahres Paradies für Sammler von Muscheln, die hier wegen der günstigen Strömung in riesigen Mengen und einer unglaublichen Vielfalt angeschwemmt werden. Aber ganz so naturverbunden ist die Inselwelt seit Beginn der touristischen Entwicklung nicht mehr, von einigen Ausnahmen abgesehen.

Um die Tampa Bay begann das Urlaubergeschäft schon im ausgehenden 19. Jahrhundert unter der Ägide des Eisenbahnindustriellen Henry B. Plant, der sich der Golfküste widmete, so wie Henry M. Flagler den Schienenausbau an der Atlantikküste forcierte. Das Tampa Bay Hotel in Tampa zeugt wie eh und je vom erlesenen Geschmack des Investors, der diese mit Zwiebeltürmchen geschmückte Nobelherberge 1891 als Endstation für damals gut betuchte Eisenbahnreisende bauen ließ. Auch die sich vor dem Hotel ausdehnenden Parkanlagen und vor allem das Interieur lassen nicht nur Plants tragfähiges Finanzierungspolster, sondern auch seinen Sinn fürs Schöne erkennen.

Über den verfügte auch ein anderer Landespionier namens John Ringling. Ihn verschlug es zu Beginn der zwanziger Jahre erstmals an die Golfküste, wo er 16 Jahre lang lebte und aus seinem riesigen, aus Öl- und Grundstücksgeschäften sowie aus einem Zirkusunternehmen stammenden Vermögen Gemälde- und Skulpturensammlungen alter Meister finanzierte. In Sarasota eröffnete er bereits 1929 ein Museum mit mehreren hundert Werken zum Teil berühmter Künstler wie Rubens, Moretti und Veronese. Mag sein, daß Ringlings Sammlerleidenschaft auch die Planer des Salvador Dalí Museum in St. Petersburg beflügelte, eine der größten Kollektionen surrealistischer Kunst in den USA anzulegen.

Zwei Autostunden nordöstlich von St. Petersburg veränderte die Landschaft ihr Gesicht in den vergangenen dreißig Jahren völlig. Noch in den sechziger Jahren machten sich Brachflächen und sumpfige Areale breit, die eigentlich für nichts zu gebrauchen waren. Dann rückten Heerscharen von Bauarbeitern und Kolonnen von Baggern und Baumaschinen an, die ein Riesengebiet südlich der Stadt Orlando innerhalb weniger Jahre von einem namenlosen Territorium in die Welthauptstadt der Vergnügungsindustrie verwandelten. Anfang Oktober 1971 eröffnete Disney World, dessen Prototyp in den fünfziger Jahren am Stadtrand von Los Angeles entstanden war. In Orlando wurde der Park zum Flaggschiff einer Unterhaltungsbranche, die immer größere Kreise zieht. Längst sind die Einrichtungen über Kinderkarussells und Aschenputtelschlösser hinausgewachsen und haben andere Themen entdeckt wie Meereslebewesen und computergesteuerte Multimedia-Attraktionen, die den Weg ins 21. Jahrhundert weisen.

Es soll Florida-Besucher geben, die eigens anreisen, um diesen gordischen Knoten aus Vergnügungsparks zu entwirren. Wer außer diesen Attraktionen nichts in seinen Reiseplan aufgenommen hat, wird das Land nicht von seiner schönsten Seite, nämlich der Natur, kennenlernen. Die langgestreckte Halbinsel kann zwar mit keinen Bergen aufwarten, weil die höchsten Erhebungen im Panhandle und im Zentrum des Landes kaum über 100 Meter hinausreichen. Diese »Höhenzüge« sind geologisch betrachtet Teil eines Kalkplateaus, das sich von der Alabama-Grenze wie ein gekrümmtes Rückgrat bis in den Norden der eigentlichen Halbinsel erstreckt. Die Formationen sorgen auch dafür, daß das Land mit Süßwasser ausgezeichnet versorgt ist. Denn Regenwasser, das in der Luft Kohlensäure aufnimmt, sickert seit Urzeiten in den Boden ein und löst den Kalk nach und nach auf. Dadurch entstanden Dolinen und riesige Höhlensysteme, die voll von frischem Quellwasser sind und viele Landesteile mit dem lebensnotwendigen Naß versorgen.

## Sümpfe und exotische Fauna

Was die Landschaften zwischen Atlantik und dem Golf von Mexiko an Hügeln und Bergen nicht bieten können, machen sie nicht nur durch Strände und Meeresabschnitte, sondern auch durch riesige Sumpfgebiete wett. Von Louisiana einmal abgesehen, ist kein amerikanischer Bundesstaat für solche Feuchtregionen berühmter als Florida. Das mag in erster Linie an den Everglades liegen, die außer den Inseln den gesamten Süden der Florida-Halbinsel bedecken und einen der bekanntesten Nationalparks im Osten der USA bilden.

Ein fast endloser Ozean aus unterschiedlichen Gräsern bestimmt das dortige Landschaftsbild. Hie und da erheben sich Palmenhaine oder Gruppen von Sumpfzypressen wie Inseln aus diesem grünen, wogenden Meer. Wo die Mangroven mit ihren glatten Stelzwurzeln unter dem grünen Blätterdach ein unheimlich anmutendes Schattenreich bilden, breitet sich modriger Geruch aus. Morsches Holz treibt im seichten Wasser, das sich urplötzlich als ein auf der Lauer liegender Alligator zu erkennen geben kann, sobald sich ein anderes Tier in erreichbare Nähe wagt. Auf dem Stamm eines umgestürzten Baumes genießen vier Wasserschildkröten den Sonnenschein. Nicht weit entfernt spreizt ein Schlangenhalsvogel sein Gefieder zum Trocknen. Ein Parkranger manövriert sein Kanu durch ein Feld blau blühender Wasserhyazinthen, die sich auf vielen Gewässern des amerikanischen Südostens zu einer wahren Plage entwickelt haben. Sie überwuchern ganze Seen und Flüsse und machen sie für Motorboote mehr oder weniger unzugänglich.

Unter der Vielzahl von Tieren in diesen Sümpfen hat sich um die Alligatoren (»Alligator mississippiensis«) ein richtiger Starkult entwickelt, weil Besucher in erster Linie diese urweltlich wirkenden Riesenechsen sehen wollen. Noch in den sechziger Jahren war diese Spezies vom Aussterben bedroht, weil sie wegen ihrer Lederhaut erbarmungslos gejagt wurde. Dann erließ Florida strikte, wirkungsvolle Schutzgesetze. Fachleute behaupten, heute gäbe es im Sonnenscheinstaat mehr Alligatoren als jemals zuvor. Wer sich in den unterschiedlichen Sumpfgebieten, ob in den Everglades, im Corkscrew Swamp Sanctuary an der Golfküste oder im Okefenokee Swamp auf der Staatsgrenze zwischen Florida und Georgia, auf eine Dschungeltour begibt, wird sich davon selbst überzeugen können.

Auf der Liste der bedrohten Tierarten stehen heute anstelle des Alligators der Florida-Panther (»Felis concolor coryi«), eine Unterart des Puma, und die mit dem Elefanten verwandte Seekuh (»Trichechus manatus«), von der es um die Küsten der Halbinsel nach neuesten Zählungen nur noch etwa 2000 Exemplare geben soll. Diese grauen, bis zu drei Meter langen, plump wirkenden Tiere sehen Bulldoggen nicht ganz unähnlich. Sie wurden in den vergangenen Jahren und Jahrzehnten hauptsächlich durch den zunehmenden Motorbootverkehr in den küstennahen Gewässern stark dezimiert, so daß sich die für den Naturschutz verantwortlichen Stellen zu Maßnahmen gezwungen sahen.

In der Öffentlichkeit wurde durch Publikationen ein vorher offenbar nicht existierendes Bewußtsein geschaffen. Bootsländen sind mit Schildern ausgestattet, die auf den Lebensraum der Tiere hinweisen. Viele Zoos und Meeresparks widmen sich nicht nur der Aufzucht, sondern auch der Pflege verletzter Tiere, so daß die Hoffnung besteht, auch die Manatees, wie sie in Florida genannt werden, bald wieder zu den häufig verbreiteten Küstenbewohnern zählen zu können.

Ob der Florida-Panther vom Verschwinden gerettet werden kann, ist fraglich. In freier Wildbahn sollen im ganzen Land kaum mehr als 30 oder 40 Exemplare vorkommen. Immer stärker wurde der Lebensraum dieser Art durch die fortschreitende Besiedlung auch ländlicher Gegenden eingeengt.

Unter den über 400 Vogelarten freunden sich Florida-Reisende besonders schnell mit den Braunen Pelikanen an – oder umgekehrt. Auch diese Art wurde landesweit durch Schutzmaßnahmen wieder vermehrt und tritt hauptsächlich dort in Erscheinung, wo Aussicht auf leichte Beute besteht, also im Umkreis der zahlreichen Piers, auf denen Freizeitangler ihr Glück versuchen. Sobald sich die Amateurfischer ans Ausnehmen ihres Fanges machen, kommt Bewegung, ja sogar Hektik in die Pelikan-Kolonien. Nicht selten gibt es um die schmackhaftesten Leckerbissen wilde Balgereien, die für Florida-Besucher zum fotogenen Urlaubserlebnis werden.

Hinter solchen Beobachtungen und Naturerlebnissen kommen gelegentlich andere Attraktionen zu kurz. Außer Mickey Mouse, schneeweißen Badestränden, von Alligatoren bevölkerten Sümpfen und pulsierendem Großstadtleben besitzt Florida noch etwas ganz Besonderes: eine bedeutende Vergangenheit. In diesem Teil der USA begann die neuere Geschichte Nordamerikas mit den ersten europäischen Siedlungsversuchen. Bereits 107 Jahre bevor

die Pilgerväter auf der »Mayflower« in Neuengland landeten, setzte der spanische Edelmann Ponce de León an der Ostküste Anker und erkundete die riesige Halbinsel drei Monate lang.

Acht Jahre später kehrte er im Auftrag des spanischen Königs zurück, um das Land zu unterwerfen und zu kolonisieren. Er landete an der südwestlichen Golfküste zwischen Tampa Bay und Fort Myers, stieß dort aber auf den entschiedenen Widerstand der Calusa-Indianer und wurde zum Rückzug gezwungen. Bei den Gefechten erlitt er durch einen Pfeil eine Verwundung, an der er später starb.

## Wechselvolle Geschichte

Unterwerfung und Kolonisierung Floridas – das war der Auftrag. In Wahrheit war das südöstliche Amerika damals aber in den Sog des Goldrausches geraten, der die Iberische Halbinsel schon mit der Entdeckung der legendären Inka-Schätze in Südamerika in einen Fieberwahn gestürzt hatte. Außerdem ging es den Spaniern darum, ihre Handelsrouten von der Karibik und Südamerika nach Europa durch eine Präsenz in Florida zu schützen. Im Jahre 1559 gründete der spanische Entdecker Tristan de Luna beim heutigen Pensacola eine erste Niederlassung, die wegen der fortwährenden indianischen Überfälle und wegen der mangelhaften Organisation aber schon zwei Jahre später aufgegeben werden mußte.

Erst 1565 gelang es Pedro Menéndez de Aviles, mit St. Augustine die erste dauerhafte spanische Siedlung in Florida aufzubauen, nachdem er ein zu-

vor von französischen Hugenotten errichtetes Fort zerstört hatte. Damit waren die Rivalitäten anderer europäischer Mächte gegenüber den Gebietsansprüchen Spaniens nicht verebbt. Im Gegenteil. Im 17. Jahrhundert setzten sich die Franzosen einige Jahre lang im äußersten Westen des Panhandle fest, während schon im ausgehenden 16. Jahrhundert der Druck der Engländer auf den Nordosten und die dort siedelnden Spanier zunahm. Mit dem Frieden von Paris 1763 mußte Spanien Florida an England abtreten, holte es sich aber schon 20 Jahre später wieder zurück.

Um die Wende vom 18. zum 19. Jahrhundert trat mit den USA eine neue Macht in der Region auf, die ihre Annexionsabsichten gegenüber Florida unverhüllt zur Schau trug. Verhandlungen über die Abtretung der Halbinsel durch Spanien führten bereits 1822 zum Erfolg, nur drei Jahre, nachdem der diplomatische Poker überhaupt begonnen hatte. Als mit »Stars & Stripes« eine neue Nationalitätenflagge aufgezogen war, bestand die Bevölkerung aus etwa 4300 Weißen, nachdem viele Engländer und die mei-

# Indianer

Von der ehemaligen Indianerbevölkerung Floridas existiert heute nur noch ein kümmerliches Häuflein, das sich auf fünf Reservate im Süden der Halbinsel verteilt. Die Nachfahren einstmals stolzer Stämme wie der Creek, Cherokee, Calusa, Yamassee und Ticuma führen dort ein weitgehend isoliertes Dasein. Am bekanntesten sind die Miccosukee am Tamiami Trail. Sie entschieden sich schon vor Jahren, am großen Touristengeschäft teilzunehmen. Sie bieten Sumpftouren mit Propellerbooten an und laden ihre Gäste zu so zweifelhaften Attraktionen wie Alligatorkämpfen ein, um sich auf diese Weise ihr Überleben zu sichern.

sten spanischen Siedler ausgewandert waren.

Schon Jahrtausende, bevor der erste Europäer den Fuß auf den nordamerikanischen Kontinent setzte, war die Florida-Halbinsel von unterschiedlichen indianischen Gruppierungen bewohnt. Wann die Geschichte dieser ersten Menschen im Land zwischen den beiden Meeren begann, läßt sich nicht exakt feststellen. Archäologen und Anthropologen gehen davon aus, daß die ersten Indianer aus dem Gebiet des späteren US-Bundesstaates Georgia etwa um 10000 bis 8000 v. Chr. nach Süden wanderten. Ausgrabungen förderten Tierknochen zutage, die eindeutige Rückschlüsse auf eine jagende und Fallen stellende Bevölkerung zuließen. In einem Torfmoor in der Nähe von Titusville fanden Wissenschaftler 1983 über 120 menschliche Skelette, die auf ein Alter von etwa 12000 Jahren datiert wurden.

Die prähistorischen Indianer Floridas ließen sich wahrscheinlich seit etwa 5000 v. Chr. jeweils für bestimmte Zeit in Flußtälern nieder, ohne allerdings ihre nomadische bzw. halbnomadische Lebensweise aufzugeben. Die ältesten Funde von Töpfereierzeugnissen weisen ein Alter von maximal 4000 Jahren auf und beweisen, daß die Indianer auf der Halbinsel in Handelsbeziehungen mit den Einwohnern in den Nachbarstaaten Georgia und Alabama standen. Diese Menschen vermischten sich offenbar mit Einwanderern, die aus Kuba und aus Mexiko in den heutigen Südosten der USA kamen.

Um den Beginn der modernen Zeitrechnung begannen Floridas erste Menschen, Grabhügel zu bauen, wie sie heute noch etwa nördlich der Hauptstadt Tallahassee zu finden sind. Diese künstlichen Erdaufschüttungen dienten nicht nur als Bestattungsplätze, sondern auch für religiöse Zeremonien. Die damaligen Indianer, die teils vom Fischfang, von der Jagd oder der Landwirtschaft lebten, beteten Sonne und Mond an und waren, wie sich an vielen archäologischen Fundstücken erkennen ließ, mit der Kupferverarbeitung vertraut.

Als die ersten Spanier im frühen 16. Jahrhundert in Florida auftauchten, lebten dort schätzungsweise 15000 bis 20000 Indianer. Die Timucua im zentralen Landesteil stellten mit etwa 10000 Menschen die vermutlich größte Gruppe. Romantisierende Darstellungen konstruierten aus dem Leben der damaligen Ureinwohner eine von der modernen Zivilisation ungestörte Idylle. Den tatsächlichen Verhältnissen dürfte dies nicht entsprochen haben. Manche Stämme bekriegten sich zum Teil heftig, und das Leben der einzelnen Gruppierungen war in erster Linie ein tagtäglicher Überlebenskampf.

Im Kampf um Einflußsphären im südöstlichen Amerika sicherten sich die europäischen Mächte zum Teil die Unterstützung unterschiedlicher In-

dianergruppierungen, wobei sie deren Rivalitätsverhältnisse ausnutzten. Der Stamm der Creek-Indianer etwa stand auf der Seite der Engländer und kämpfte mit ihnen gegen die Spanier, die eine repressivere Indianerpolitik verfolgten. Massiver Widerstand gegen die fortschreitende »weiße« Kolonisierung und Besiedlung Floridas kam seitens der Urbevölkerung vor allem im 19. Jahrhundert auf, als die um die Mitte des 18. Jahrhunderts aus dem Norden eingewanderten Creek-Indianer mit anderen Stämmen zur Seminolen-Nation verschmolzen. Ende 1817 begann der Erste Seminolen-Krieg, als die US-Regierung Truppen unter Führung von Andrew Jackson gegen die aufbegehrenden Indianer, die mit ihnen alliierten Engländer und die Spanier aufbot.

Kurze Zeit, nachdem 1822 die USA ihre Herrschaft über Florida errichtet hatten, kam der sogenannte Vertrag von Moultrie Creek zustande. Er stellte Landstriche nördlich von Charlotte Harbor und südlich von Ocala ausschließlich für die Seminolen zur Verfügung. Die verpflichteten sich im Gegenzug, Land im Norden Floridas abzutreten und keinen entsprungenen Sklaven Zuflucht zu gewähren. Aber schon ein Jahr später nahm die offizielle amerikanische Indianerpolitik eine Wende. US-Präsident James Monroe propagierte die Idee, alle Indianer in Reservationen abzuschieben. Seit 1827 wurden die Pläne in die Tat umgesetzt. Bundesbeamte sollten den Seminolen eine Auswanderung aus Florida »nahelegen«. Wo dies nicht funktionierte, setzte die Regierung ihre Politik der Deportation mit repressiven Mitteln ohne Rücksicht auf Verluste durch.

## Der letzte Kampf

Die Auseinandersetzungen spitzten sich zu und erreichten im Zweiten Seminolen-Krieg (1835 bis 1842) einen Höhepunkt. Die Indianer griffen weiße Pflanzungen und militärische Ziele an. Beim sogenannten Dade-Massaker brachten die Seminolen eine von Major Francis L. Dade befehligte Einheit von mehr als 100 Soldaten um, die sich auf dem Marsch in ein Fort befanden. Die USA schickten daraufhin Truppenverstärkung nach Florida. Als sich 1837 die Seminolenführer Osceola und Coacoochee unter der Zusicherung von freiem Geleit zu Verhandlungen nach St. Augustine begaben, brachen die Militärs ihr Wort und setzten die beiden Häuptlinge im Fort San Marcos fest – nur einer von vielen Vertragsbrüchen, welche die US-Politik den Indianern gegenüber kennzeichneten.

Im Jahr 1838 gelang den US-Truppen der einzige größere Sieg über die Seminolen. Folge war, daß 3000 Indianer in Gebiete westlich des Mississippi deportiert wurden. 1841 ließ der Widerstand der Seminolen langsam nach, doch war der Krieg offiziell erst 1842 zu Ende. Zu diesem Zeitpunkt lebten nur noch etwa 300 Indianer auf dem Boden Floridas, die sich in die unzugänglichen Sumpflandschaften der Everglades zurückgezogen hatten. Sie organisierten sich unter ihrem Führer Billy Bowlegs zu neuem Widerstand und zum Dritten Seminolen-Krieg (1857/58). Die Feindseligkeiten endeten schon nach einem Jahr, als Bowlegs in Anbetracht seiner ausweglosen Situation einem Waffenstillstand zustimmte.

# LANDSCHAFTEN

Das ist der beste Fleck, der mir je irgendwo untergekommen ist [...].
*Ernest Hemingway über Key West*

## AM ATLANTIK: MAGISCHE METROPOLE UND KLASSISCHE KÜSTE

Seite 34

## DER SÜDEN: LIEBESGRÜSSE AUF KARIBISCH

Seite 60

# UND REGIONEN

DIE GOLFKÜSTE: SONNENBANK AM GOLF VON MEXIKO

Seite 78

DAS ZENTRUM UM ORLANDO: WO MICKEY MOUSE DAS ZEPTER SCHWINGT

Seite 102

DER PANHANDLE: ANHÄNGSEL MIT EIGEN-SCHAFTEN

Seite 116

FLORIDA
Lousiana
Mississippi
Alabama
Mobile
Mobile Bay
Gulfport
Biloxi
Pascagoula
Mississippi Sound
Lake Pontchartrain
New Orleans
Reggio
Venice
Crestview
De Funiak Springs
Marianna
Milton
Pensacola
Pensacola Beach
Santa Rosa Island
Fort Walton Beach
Freeport
Ebro
Blountstown
Hosford
Panama City
Panama City Beach
Apalachicola
Cape San Blas
St. Vincent Island
St. George Island
Golf von Mexiko
Vereinigte Staaten
Florida
Bahamas
Mexiko
Kuba
Dominikanische Republik
Jamaika
Haiti
Puerto Rico
Belize
Guatemala
Honduras
El Salvador
Nicaragua
Costa Rica
Panama
Venezuela
Guayana
Kolumbien
Brasilien
N
0
50 km

Atlantischer Ozean
Georgia
Okefenokee Swamp
Tallahassee
Wakulla Springs State Park
Wakulla
Apalachee Bay
Perry
Live Oak
Lake City
Branford
Yulee
Fernandina Beach
Amelia Island
Jacksonville
Green Cove Springs
Starke
St. Augustine
St. John's River
Gainesville
Palatka
Suwannee
Deadman Bay
Chiefland
Williston
Otter Creek
Cedar Key
Ocala
Lake George
Barberville
Ormond Beach
Daytona Beach
De Leon Springs
Waccasassa Bay
Hernando
Eustis
Deltona
Homosassa Islands
Homosassa
Leesburg
Sanford
Titusville
Brooksville
Clermont
Orlando
John F. Kennedy Space Center
Cape Canaveral
Spring Hill
Walt Disney World
Kissimmee
Merritt Island
Melbourne
Tarpon Springs
Clearwater
Lakeland
Winter Haven
Orchid Island
Tampa
St. Petersburg
Tampa Bay
Sebastian
Vero Beach
Avon Park
Bradenton
Bradenton Beach
Fort Pierce
Hutchinson Island
Longboat Key
Sarasota
Arcadia
Okeechobee
Jensen Beach
St. Lucie Inlet
Venice
Palmdale
Lake Okeechobee
Jupiter
Port Charlotte
Pahokee
Palm Beach
Caloosahatchee
Fort Myers
Charlotte Harbor
Gasparilla Island
Clewiston
Belle Glade
Lake Worth
West End
High Rock
Cape Coral
Lehigh Acres
Captiva
Immokalee
Boca Raton
Grand Bahama Island
Sanibel Island
The Everglades
Naples
Fort Lauderdale
Hollywood
Miami Beach
Miami
Key Biscayne
Coral Gables
Bimini Islands
Everglades National Park
Homestead
Sands Key
Elliott Key
Florida City
Biscayne National Park
J. Pennekamp Coral Reef State Park
Flamingo
Key Largo
Florida Bay
Islamaroda
Florida Keys
Marathon
Pine Islands
Key West
Bahia Honda State Park

Der Hafen von Miami gehört zu den größten Ankerplätzen für Kreuzfahrtschiffe überhaupt. Aus aller Welt kommen die »weißen Riesen« zur Stippvisite ins südliche Florida, wo der Landgang zu einem exotischen Abenteuer werden kann.

# Am Atlantik

Floridas Reputation als sonnenverwöhntes Urlauberparadies beruht nicht nur auf dem Erfindungsreichtum der örtlichen Tourismusplaner. Schon vor 100 Jahren wagten sich die ersten Besucher an die Atlantikküste der Halbinsel. Seit damals entwickelte sich dieser Meeressaum mit seinen langen Sandstränden zum klassischen Badeziel Amerikas. Gleichzeitig schossen Ansiedlungen wie Pilze aus dem Boden, die zumindest manche dieser Küstenabschnitte in dynamische Ballungsräume verwandelten.

THE
JACKSON

Jacksonville, Floridas größte Stadt, gibt sich im Zentrum mit himmelstrebenden Wolkenkratzern typisch amerikanisch. Mit Jacksonville Landing entstand am Ufer des St. John's River ein moderner Komplex von Geschäften und Restaurants.

In Port Salerno erinnert am Jachthafen ein verrosteter, uralter Fischkutter an die Zeit vor der computergesteuerten Schleppnetzfischerei.

MIAMI BEACH
PATROL

TRACKER

BICYCLES
BEACH·WHEELS
BIKE RENTALS

Im meerumschlungenen Florida gehört das Strandleben unter Lifeguard-Aufsicht zum Alltag. Mobile Imbißstände sorgen neben Fahrradverleihern dafür, daß neben den Wadenmuskeln auch der Magen beschäftigt werden kann.

Fernandina Beach auf dem abgelegenen Amelia Island an der äußersten Nordostküste ist ein architektonisches Schmuckstück. Neben viktorianischen Schönheiten zeigt das Städtchen hübsche Fassaden mit maurisch anmutenden Stilelementen.

Unvergleichlichen Zauber entfaltet Amelia Island, wenn sich am frühen Tag der Morgennebel zwischen den von Spanischem Moos behängten Eichen in der Sonne aufzulösen beginnt.

# Magische Metropole und klassische Küste

Oben und rechte Seite: Im schnell wachsenden Florida mit Großstädten wie Miami, wo die Stadtbahn Metrorail in schwindelnder Höhe durch Hausfassaden fährt, ist die Natur in Bedrängnis gekommen. Spezielle Autokennzeichen sind Teil von Schutzkampagnen etwa für den Florida-Panther, eine Puma-Art.

Wenn vom städtischen Florida die Rede ist, fällt sofort ein Name: Miami. Kein anderes urbanes Zentrum des Landes kann mit dieser Metropole konkurrieren, wenn es um optische Attraktivität, günstige Lage, subtropisches Flair und natürlich um quirlige Stadtatmosphäre geht. Einen beträchtlichen Anteil an diesen Qualitäten verdankt die Stadt in Wahrheit allerdings benachbarten Städten wie Miami Beach und Coral Gables, die Teil des Großraumes Miami sind.

## Miami

Bayside Marketplace zur Dinnertime. Die Wolkenkratzer von Downtown ragen wie kantige, beleuchtete Lampions in den nachtblauen Himmel. Im Hafenbecken spiegelt sich das Licht der umliegenden Restaurants und Geschäfte wie flüssiger Bernstein, und auf einer Säule ruht ein als Neonreklame erstarrter Blauer Marlin, um dessen gefährlich spitzes Maul ein Wölkchen aus Insekten auf und ab wippt. Miami ist vor allem um die späte Stunde ein vielversprechendes Bilderbuch voll von optischen Geheimnissen.

Auch tagsüber ist der auf Attraktivität getrimmte Bayside Marketplace ein Zentrum, von dem man die Innenstadt erkunden kann. Bereits nach den ersten Gehversuchen in Downtown wird Besuchern deutlich, daß sie eine

29

junge und äußerst vitale Stadt vor sich haben. Hauptschlagader ist die von hohen Fassaden in eine Straßenschlucht verwandelte Flagler Street, welche Miami in eine nördliche und eine südliche Hälfte teilt. Ganz Bequeme lassen sich den Stadtkern zeigen, und zwar von einem supermodernen Transportsystem mit dem Namen »Metromover«. Auf bleistiftdünnen Gleisen fahren die Waggons hoch über der Straßenebene innerhalb einer knappen Viertelstunde neun Haltestellen an und bieten auf diese Weise die preisgünstigste Stadtrundfahrt, die man sich denken kann.

Um die Flagler Street präsentiert sich die Stadt nicht nur konsumversessen, sondern auch kulturbeflissen. Das Metro-Dade Cultural Center dehnt sich um eine hübsche Plaza aus und bietet neben dem Center for the Fine Arts und dem Historical Museum of Southern Florida eine Bücherei und ein Straßencafé, in dem man sich zum populärsten Volkssport Floridas niedersetzen kann, Leute zu beobachten. Manche Stadtväter verstiegen sich in der Vergangenheit dazu, das Kulturzentrum in Anbetracht der Anleihen an mediterrane Architektur als »Akropolis von Miami« zu bezeichnen, was man getrost als eine starke Übertreibung betrachten darf.

Südlich von Downtown mündet der Miami River nach einigen Schlenkern durch die Innenstadt in den Atlantik. Überquert man den Fluß an der Brickell Avenue, hat man vom südlichen Flußufer einen schönen Blick auf den in den Himmel wachsenden Wolkenkratzerkern der Stadt. Doch die urbane Manhattan-Atmosphäre wird durch die bunten Boote und Segeljachten gemindert, die auf dem Wasserweg verkehren.

Im weiter südlich liegenden Miami hat sich die hispanische Kultur eine Hochburg geschaffen. In den Straßenzügen um die »Calle Ocho«, die Eighth Street, ist kaum ein Wort Englisch zu hören, und in den Straßencafés könnte man sich eher wie im Zentrum von Caracas vorkommen, hätte die Architektur entlang der Hauptstraße nicht typisch amerikanische Akzente gesetzt. Im Maximo Lopez Domino Park sitzen ältere Männer im Schatten der Bäume an festinstallierten Tischen über ihren Domino-Spielen und qualmen dicke Zigarren, die früher noch vor Ort handgefertigt wurden. In kleinen Imbißstuben und Cafés wird pechschwarzer kubanischer Kaffee ser-

**Noble Herbergen finden sich auch im pastellfarbenen Art-déco-Distrikt in Miami Beach.**

**Linke Seite: Das aus den zwanziger Jahren stammende Biltmore Hotel in Coral Gables gehört zu den vornehmsten Unterkünften im Großraum Miami.**

Miami ist vor allem um die späte Stunde ein vielversprechendes Bilderbuch voll von optischen Geheimnissen.

Der Art-déco-Distrikt in Miami Beach ist der größte denkmalgeschützte Stadtbezirk in den USA. Die meist in den dreißiger Jahren errichteten Häuser standen vor wenigen Jahrzehnten auf den Abbruchlisten. Heute prägen sie das Gesicht eines ganzen Stadtviertels.

## Venetian Pool

Eingeweihte bezeichnen sie als die schönste Badeanstalt der Welt. In der Tat ist der »Venetian Pool« in Coral Gables kein Schwimmbad wie jedes andere. Stadtentwickler George Merrik ließ diese Anlage in den zwanziger Jahren in die Korallenfelsen schlagen und mit tropischen Gewächsen bepflanzen, so daß der Pool heute eher wie eine exotische Märchenkulisse wirkt. Dazu tragen auch die Gebäude um das Becken bei, die in ihrem italienischen Palazzo-Stil der Villa Vizcaya ähneln. Am schönsten und geruhsamsten ist der Aufenthalt nach dem Labor Day Anfang September, wenn die Schulferien zu Ende sind und der »Venetian Pool« zu einer idyllischen, ruhigen Oase wird.

In den Gartenanlagen der Villa Vizcaya mit Grabstätten, verwitterten Skulpturen und plätschernden Brunnen herrscht eine Atmosphäre wie im vergessenen Park eines römischen Adelspalastes.

viert, der selbst jene zum Leben erwecken könnte, die auf dem Woodlawn Cemetery in der Nachbarschaft der beiden ehemaligen kubanischen Staatsoberhäupter Gerardo Machado und Carlos Prio Socarras zur letzten Ruhe gebettet wurden.

## Venezianische Traumvilla

Weniger hispanisches als vielmehr venezianisches Flair bietet eine der sehenswertesten Residenzen von Miami, die Villa Vizcaya an der Biscayne Bay. Der Industrieboß James Deering ließ sich diesen luxuriösen Wohnsitz im Jahre 1916 von eigens aus Italien geholten Fachleuten im Stil eines Palazzo errichten. Die Ziegel des Daches wurden aus Kuba, die schmiedeeisernen Arbeiten aus Deutschland importiert. Die siebzig früher offenen, heute verglasten Räume, wie ein Bankettsaal, ein Musikzimmer, ein Rauchersalon und die in der zweiten Etage befindlichen ehemaligen Schlafräume, sind mit wertvollen Kunstgegenständen aus der ganzen Welt und aus unterschiedlichen Epochen ausgestattet. In den Gartenanlagen der Villa Vizcaya mit Grabstätten, verwitterten Skulpturen und plätschernden Brunnen herrscht eine Atmosphäre wie im vergessenen Park eines römischen Adelspalastes.

Ähnlich vornehm und südländisch zeigt sich der Stadtteil Coral Gables. Selbst der Campus der University of Miami ähnelt mit einem See und palmengesäumten Wegen eher dem Gelände eines Ferienhotels. Die Wohnhäuser von Coral Gables liegen in sehr gepflegten Gärten und wirken abwechslungsreich, da jedes Haus in einem anderen Baustil errichtet wurde. Unübersehbarer Mittelpunkt der Stadtlandschaft ist das altehrwürdige Biltmore Hotel aus dem Jahr 1926, in dessen wunderschönem Swimmingpool früher Amerikas berühmtester Bademeister Schwimmunterricht erteilte: Johnny Weißmueller alias Tarzan. Vor der imposanten Hotelfassade dehnt sich ein berückendes Golfgelände mit Teichen und kleinen Wäldchen aus, das jedem Golfer das Herz höher schlagen läßt.

## Miami Beach

Von den festländischen Stadtgebieten getrennt, führen die sich über die Inselgebiete erstreckenden Teile des Großraumes Miami ein keineswegs zweitrangiges Dasein. Im Gegenteil. Der exotische »Cocktail« Miami Beach symbolisiert alles, was den Großraum ausmacht: glitzernde Stadtdynamik, attraktive Architektur, leichtes Leben, Strände und Sonnenschein. Tagsüber verlagert sich das Leben an den weißen Atlantiksaum. Am Abend beginnt der Ocean Drive zu leben, wenn die knackigbraunen Beachgirls und die coolen Muskelmänner in Bars und Diskotheken umziehen, wo am Vorabend noch der eine oder an-

dere Star im zuckenden Laserlicht seinen Auftritt hatte. Miami Beach ist ein Marktplatz der Selbstdarstellung.

## Die Gold- und Schatzküste

Nördlich von Miami reihen sich die Badeorte so eng aneinander, daß es manchmal schwerfällt festzustellen, ob man sich noch im einen oder schon im anderen befindet. Der Häuserteppich entlang der Atlantikküste reißt kaum irgendwo ab, läßt nur hie und da eine Schneise frei, um an den Strand zu gelangen.

»Goldküste« nennen die Einheimischen den bis nach Palm Beach im Norden reichenden Küstenabschnitt unbescheiden, an dem Fort Lauderdale zu den bekanntesten Namen zählt. Mit 150000 Einwohnern ist es nicht nur nach Miami die zweitgrößte Stadt dieses Landesteiles, sondern mit Sicherheit auch eine der sehenswertesten. Von Palmen gesäumte Kanäle und Wasserstraßen, Buchten und Inseln durchziehen sie in allen Richtungen und machen aus ihr eine der »feuchtesten« Stadtlandschaften Floridas. Wohin man auch blickt: die nächste Jacht ist nicht weit. Über diesen Eigenschaften könnte man fast

**Die Villa Vizcaya stattet die Küste von Miami mit venezianischem Flair aus und dokumentiert zugleich den ganz besonderen Geschmack, den so mancher Bauherr beim Aufbau der Stadt zu Beginn des 20. Jahrhunderts an den Tag legte.**

203

den schönen Strand vergessen, der nur ein paar Schritte vom Zentrum entfernt liegt.

Insider vermuten, daß Palm Beach seit den zwanziger Jahren mehr Geld und Aufmerksamkeit auf sich lenkte als jede andere Gemeinde auf dem Boden Floridas. Fährt man durch die fast ländlich anmutenden Straßen der Ortschaft, ist man geneigt, dies zu glauben. Entlang dem Ocean Boulevard reihen sich hinter hohen Mauern und dichten Hecken grandiose Villen, elegante Residenzen und feudale Paläste aneinander, als sei in Florida der Absolutismus ausgebrochen.

Nicht allein die Architektur, sondern auch die Lage von Palm Beach trägt zum Reiz der knapp 10000 Einwohner zählenden Ortschaft bei. Sie nimmt den nördlichsten Zipfel einer 22 Kilometer langen Insel ein, die das Festland wie ein zu schmal geratenes Surfbrett vom offenen Meer trennt. Bis in die sechziger Jahre des 19. Jahrhunderts lag das Städtchen auf einer Halbinsel zwischen dem Ozean und dem Lake Worth, ehe ein Kanal die Einwohner zu »Insulanern« machte.

Typisch für die Gegend sind die vielen Palmen, welche dieser High-Society-Hochburg den Namen gaben. Sie sollen von einem im Jahr 1878 havarierten spanischen Schiff stammen, das mit 20000 Kokosnüssen an Bord vor der Küste auf Grund lief. Die Siedler sammelten die angeschwemmten Nüsse, pflanzten sie und veränderten damit das Bild von Palm Beach so sehr, daß Henry Morrison Flagler 15 Jahre später von der lauschigen Palmenoase so beeindruckt war, daß er einen charmanten Urlaubsort daraus machte.

Mehr noch. Mit Whitehall ließ er für seine dritte Frau Lily im Jahre 1901 einen 2,5 Millionen Dollar teuren Palast als Hochzeitspräsent errichten, der zu den elegantesten Bauwerken von Palm Beach gehört. Der weiße Herrschaftsbau mit seinen dorischen Säulen und seinen 73 Räumen dient heute als Museum. Im Innern sind vor allem The Great Hall, der Louis-XIV-Ballsaal mit seinem originalen Mobiliar und einem großen Deckengemälde sowie der Louis XIV Music Room sehenswert. Die Dekorationen im Stil des französischen Sonnenkönigs waren dem Hausherren offenbar gerade gut genug, um Macht und Reichtum zu demonstrieren.

Nördlich von Palm Beach beginnt die Schatzküste, vor der in der spanischen Kolonialzeit Dutzende von Schiffen mit unermeßlichen Schätzen an Bord sanken. An diesem Atlantikabschnitt tauchen noch verhältnismäßig häufig Meeresschildkröten auf, von denen in Florida zwölf unterschiedliche Arten bekannt sind. Sie graben im Sand etwa 45 Zentimeter tiefe Löcher und legen dort zwischen 60 und 160 Eier ab. Lokale Organisationen sind seit Jahren darum bemüht, diese Meeresbewohner vor dem Aussterben zu retten.

Jupiter, Jensen Beach, Fort Pierce und St. Lucie sind kleinere Küstengemeinden, die zum Teil auf dem langgestreckten Hutchinson Island liegen. Vero Beach ist für seinen Boardwalk bekannt, einen Brettersteg, der auf den Dünen am Strand verläuft und als Aussichtsterrasse auf den Atlantik dient. Die Straße 1 A führt umsäumt von Palmen und blühendem Oleander nach Norden. Auf der Strecke liegen an der Meerseite zahlreiche private Wohnanlagen, so daß der Zutritt zum Strand nur an ausgewiesenen Stellen möglich ist. Eine Brücke überspannt den Sebastian Inlet, führt nach Brevard County hinüber und markiert das Ende der Schatzküste mit einem weit ins Meer hinausragenden Pier.

## CAPE CANAVERAL

Wer über die Inselwelt der mittleren Atlantikküste Floridas bummelt, erwartet an den von bunten Sonnenschirmen gefleckten Sandstränden alles andere als eine

Langeweile ist in Miami Beach ein unbekanntes Wort. Wer sich weder für Art déco noch für Oldtimer interessiert, kann es mit »people watching« oder mit Rollerskating probieren.

hochkarätige High-Tech-Schmiede. Aber genau darum handelt es sich beim John F. Kennedy Space Center am Cape Canaveral. Dieses Raumfahrtzentrum besteht aus einer 560 Quadratkilometer großen Fläche aus Schilfgras und Wasser, auf der sich Abschußrampen und Naturschutzgebiete in guter Nachbarschaft befinden. Im Merrit Island Wildlife Refuge leben neben Alligatoren und anderen Reptilien über 200 Vogelarten. Schon von weitem weist der im Freien aufgebaute Raketengarten mit seinen originalgetreuen Nachbildungen das Space Center aus. Den meisten Besuchern dient der auf eine Riesenleinwand projizierte Film »A Dream is Alive« über Space-Shuttle-Flüge als Einstimmung, ehe sie sich einer Bustour anschließen. Neben Trainings- und Kontrollgebäuden werden auch die Startplätze und Rampen der Space Shuttles gezeigt, und mit etwas Glück bekommt man einen Eindruck von den Vorbereitungen zu einem neuen Start.

Die Raumfahrtprogramme der NASA begannen vor Ort schon wenige Jahre nach dem Ende des Zweiten Weltkriegs. Vor allem in den sechziger Jahren machte sich im Zuge des Weltraumwettrennens mit der Sowjetunion am Cape Canaveral eine hektische Entwicklung breit. Mit Alan B. Shepherd trat von dort am 5. Mai 1961 der erste Amerikaner den Weg in den Orbit an, für die USA eine historische Pioniertat, der mehrere bemannte »Apollo«-Flüge folgten. Nach dem

Mord an US-Präsident John F. Kennedy 1963 wurde Cape Canaveral in Cape Kennedy umbenannt, was allerdings zehn Jahre später rückgängig gemacht wurde. Ihre dunkelste Stunde erlebte die NASA mit der Explosion der Raumfähre »Challenger« am 28. Januar 1986, bei der sieben Besatzungsmitglieder den Tod fanden.

## Laufsteg der Eitelkeiten

Berühmtester, zeitweise auch berüchtigter Badeort an der Nordostküste Floridas ist Daytona Beach. Die Küstenstadt, die ihre Einwohnerzahl zwischen Frühjahr und Herbst durch den regen Besucherzustrom vervielfacht, ist alljährlich im Frühjahr Treffpunkt der Zweiradfahrer aus ganz Nordamerika. Wer etwas auf sich hält, ein PS-starkes oder wenigstens chromblitzendes Motor-

rad besitzt oder sich zumindest als Sozius beziehungsweise Sozia eignet, kommt Anfang März zur »Bike Week« an den breiten Sandstrand von Daytona Beach oder gleich zum Rennkurs »Daytona International Speedway«.

Einige Tage lang geht es im Umfeld des Rennens drunter und drüber. Etwa um dieselbe Zeit gehen amerikanische Studenten in Ferien. Jahrelang trafen sie sich traditionell in Daytona zu ihren Universitätsabschlußfeiern, die in grandiosen Besäufnissen gipfelten. Sowohl Motorradfreaks als auch Studenten trugen in den vergangenen Jahrzehnten nicht unbedingt zum guten Ruf der Stadt bei. Eher machten sie den Badeort zu einem »Sündenbabel«, was vielen Urlaubern, die eher beschauliche Zeiten im Sinn hatten, ein Dorn im Auge war. Seit einigen Jahren hat sich die Szene beruhigt, und es scheint fast so, als habe in der Zwischenzeit Myrtle Beach in South Carolina Daytona Beach den Rang als Standort studentischer Initiationsriten abgelaufen.

Die größte Attraktion in Daytona Beach kostet fünf Dollar und dauert den ganzen Tag. Für diese Gebühr gelangt man durch die Zahlstellen mit dem Auto an den breiten Sandstrand, an dem sich an den Wochenenden eine nicht abreißende Blechlawine im Stop-and-go-Rhythmus auf- und abbewegt. Links und rechts der improvisierten »Fahrbahn« bleibt genügend Platz für diejenigen, die sich unter bunten Sonnenschirmen von der frischen und salzigen Seeluft umwehen lassen oder in der prallen Sonne für einen ebenmäßigen Teint sorgen wollen. Kaum eine andere »Veranstaltung« zeigt die Verbundenheit der Amerikaner mit ihrem Auto so deutlich wie der Strandurlaub in Daytona Beach. Mancher Strandläufer und manche Badenixe demonstrieren die innige Verbundenheit mit dem Fortbewegungsmittel dadurch, daß die Campingliege unmittelbar neben dem Fahrzeug aufgebaut wird. Andere sonnen sich selbst auf den Kühlerhauben ihrer Fahrzeuge.

Sehen und gesehen werden ist alles. An Sommerwochenenden platzt Daytona Beach aus allen Nähten. Man könnte über diesem massenhaften Schaulaufen fast vergessen, daß der Küstenort über wunderbare Bademöglichkeiten, sauberes Wasser und ein angenehmes Flair verfügt, »Ingredienzien«, um aus einem Badeurlaub ein angenehmes Erlebnis zu machen.

**Berühmtester, zeitweise auch berüchtigter Badeort an der Nordostküste Floridas ist Daytona Beach.**

Oben: Stolz und erhaben blickt der Terrakotta-Löwe vom Eingang des Henry Flagler College in St. Augustine. Die vor über 400 Jahren gegründete Stadt bildet die erlesenste urbane Schatztruhe des Landes.

Rechte Seite: Carlton Hotel im Art-déco-Distrikt von Miami Beach.

## Historische Schatztruhe

Aus der Entfernung könnte man St. Augustine für eine europäische, vielleicht eine südspanische Stadt halten mit ihren Türmen und ziegelgedeckten Dächern. Zu diesem Bild trägt auch das zwischen 1672 und 1695 erbaute Castillo de San Marcos bei. Die Küstenstadt war damals ein strategisch wichtiger Punkt, an dem alle aus Mittel- und Südamerika kommenden Schatzschiffe auf dem Weg nach Europa vorbeisegelten. In späterer Zeit wechselte das wehrhafte Fort mehrmals den Besitzer und wurde englisch und schließlich amerikanisch, nachdem Spanien Florida an die USA abgetreten hatte und die »Yankees« aus dem Castillo »Fort Marion« und Ende des 19. Jahrhunderts ein Indianergefängnis machten.

Der von Wind und Wetter zerfurchte Muschelfelsen, auf dem das Fort errichtet wurde, läßt die wechselhafte Geschichte der 1565 gegründeten Stadt am ehesten erahnen. Das Alter ist zwar die bedeutendste Attraktion von St. Augustine, aber die tatsächlichen Zeugnisse der über 400jährigen Vergangenheit sind dünn gestreut. Das Oldest House stammt vermutlich aus dem frühen 18. Jahrhundert und wurde seit damals baulich mehrfach verändert. Das Oldest Wooden Schoolhouse geht vermutlich auf das Jahr 1760 zurück, und das Oldest Store Museum entstand sogar erst um die Jahrhundertwende. Dennoch ist die Stadt eine schmucke Schatztruhe, in der es Preziosen zu entdecken gibt, die im jungen Amerika als uralt gelten. Im Spanish Quarter etwa stehen einige restaurierte Gebäude aus der spanischen Kolonialzeit wie das Gallegos House von etwa 1755 und das Gomez House von 1763, die mit altem Mobiliar so hergerichtet sind, daß sich Besucher ein Bild von den damaligen Zeiten machen können. In traditionelle Kostüme gewandete »Hausbewohner« demonstrieren altes Handwerk und Hausarbeiten, als seien die Uhren im 18. Jahrhundert stehengeblieben. Zum historischen Kern von St. Augustine gehört auch das Flagler College, das 1888 als Hotel gegründet und erst später in eine Universität umgewandelt wurde.

## Charmantes Florida

Vorbei an Jacksonville, Floridas größter Stadt, führt die Küstenstraße nach Fernandina Beach auf Amelia Island, das nur noch einen Katzensprung von der Georgia-Grenze entfernt liegt. Diese sympathische, etwas weltentrückte Insel ist der einzige Flecken Floridas, der in der Vergangenheit unter acht verschiedenen Flaggen stand: der französischen (1562 bis 1565), der spanischen (1565–1763 und 1783–1821), der britischen (1763 bis 1783), der patriotischen (1812), dem Grünen Kreuz von Florida (1817), der mexikanischen (1817–1821), der konföderierten (1861–1862) und der amerikanischen (1821–1861 und 1862 bis heute). Fernandina Beach ist zwar eine Kleinstadt, trotzdem aber der größte Ort auf Amelia Island. Die Centre Street ist von zum Teil liebevoll hergerichteten viktorianischen Gebäuden gesäumt, die erkennen lassen, daß auf Amelia Island im ausgehenden 19. Jahrhundert mit der Shrimp-Fischerei und der Eisenbahn gute Geschäfte gemacht wurden. Mancher profitable Abschluß wurde im Palace Saloon gebührend gefeiert, der heute für sich in Anspruch nimmt, Floridas älteste Kneipe zu sein.

## Miamis Art-déco-Distrikt

Anfang der siebziger Jahre noch ein schäbiges Viertel mit heruntergekommenen Straßenzügen und Hausfassaden, von denen die Farbe abblätterte, entstand auf einer Fläche von knapp drei Quadratkilometern an der Südspitze von Miami Beach der größte denkmalgeschützte Art-déco-Bezirk der USA.
Spätestens seit die Krimi-Serie »Miami Vice« das Viertel ins Rampenlicht einer internationalen TV-Gemeinde rückte, zählt es zu den »heißesten« Besuchertips im Großraum Miami. Lifestyle-Magazine, Werbespots, Zeitungsartikel und viele andere Medienprodukte wählten den Distrikt in den letzten Jahren als Kulisse. Kaum ein Tag vergeht, an dem nicht Film- oder Kamerateams in den Straßenzügen auftauchen, um vor den pastellfarbenen Fassaden Mannequins in der neuesten Mode abzulichten.

Die Meilenangabe frappiert. Key West an der äußersten Südspitze der Florida Keys liegt nur 90 Meilen von der Zuckerinsel Kuba entfernt – eine geographische Nähe mit angenehmen Konsequenzen für den Lebensstil.

# Der Süden

Wie ein im Meer verlorenes Collier aus unregelmäßigen Perlen breiten sich die Florida Keys zwischen der Südspitze Floridas und der Karibik aus. Auf der Landkarte scheint die Barriere aus Geländebröseln eben mal breit genug für Seiltänzer zu sein, die sich auf den Weg nach Key West machen. Auf über 200 Kilometern Länge zieht die Inselkette einen Trennstrich zwischen Atlantik und Golf von Mexiko. Bevor man von Norden her in dieses Reich der fächelnden Palmen vorstößt, bilden zwei Nationalparks ein eindrucksvolles »Vorprogramm«. In den Everglades können sich Sumpfliebhaber nach Lust und Laune austoben, während im Biscayne National Park Schnorchler und Taucher zum Zug kommen.

Eine Ikone unter den Häusern von Key West ist das ehemalige Domizil von Ernest Hemingway.

AVAILABLE

Am späteren Nachmittag kehren die Charter-Angler von ihren Hochseeausflügen nach Islamorada zurück und präsentieren stolz den frischen Fang.

# Liebesgrüsse auf karibisch

**Oben und rechte Seite: Im feuchten Grasland der Everglades, das periodisch überschwemmt wird und austrocknet, finden Alligatoren und viele andere Tierarten optimale Lebensbedingungen.**

Eine halbe Autostunde südlich von Miami liegen mit Homestead und Florida City zwei Ortschaften, die nur durch eine imaginäre Grenze voneinander getrennt sind. Beide bilden eine wichtige Straßenkreuzung, an der man von der Durchgangsstraße 1 sowohl nach Westen als auch nach Osten in einen Nationalpark abbiegen kann.

Der kleinere und weniger bekannte der beiden ist der Biscayne National Park an der Atlantikküste. Zu 96 Prozent besteht die 760 Quadratkilometer große Parkfläche aus Wasser, und die einzige »trockene« Möglichkeit, sich mit den Naturphänomenen des Schutzgebietes vertraut zu machen, ist per Boot. Glasbodenboote bringen Besucher in die vor der Küste liegenden Riffs mit ihrem exotischen Unterwasserleben. Natürlich erlebt man die seltenen Attraktionen wie Horn- und Sternkorallen, Seefächer, Seefedern und Schwärme von neonbunten Korallenfischen viel hautnaher mit

Schwimmflossen an den Füßen und einer Taucherbrille vor den Augen.

Die »Landstützpunkte« des Parks sind knapp drei Dutzend meist unbewohnte, unerschlossene Inseln. Auf der größten, Elliott Key, machen viele organisierte Bootstouren halt, um den Passagieren Gelegenheit zu geben, die subtropische Inselflora und -fauna mit Mangroven, Mahagoni-Bäumen, rotborkigen Gumbo-Limbo-Bäumen, Würgefeigen, Wasserschildkröten, Braunen Pelikanen und Waschbären auf einem Naturlehrpfad kennenzulernen.

## Die berühmten Everglades

Einen ganz anderen Charakter als Biscayne weist der berühmte Everglades National Park westlich von Homestead auf. Vom Parkeingang führt eine 58 Kilometer lange Parkstraße durch die typische Sägegraslandschaft mit kleinen Weihern, Wasserläufen und Nadelwäldchen zum Parkzentrum nach Flamingo. Dem genauen Beobachter offenbaren sich auf dieser Fahrt unterschiedliche Vegetationszonen, angefangen von Prärien über Kiefernbestände, Zypressen- und Mangrovenwälder bis zu den Küstenzonen der Florida Bay in Flamingo. Nur ein paar Meilen vom Eingang entfernt nehmen viele Besucher beim Royal Palm Visitor Center die Gelegenheit wahr, um auf dem nicht einmal einen Kilometer langen Anhinga Trail die ersten Alligatoren zu Gesicht zu bekommen.

Nur geübten Naturbeobachtern fällt auf, daß die Everglades ein Schutzgebiet mit erheblichen Problemen sind. Ihre Lebenskraft, sprich ihr Wasser, beziehen sie wie eh und je aus dem weiter nördlich liegenden Lake Okeechobee. Wirtschaftliche Basis dieser Seenregion sind Viehzucht und Milchwirtschaft. In diesem Sektor fallen riesige Mengen an natürlichem Dünger an, dessen Phosphorbestandteile ins Erdreich sickern, in den Lake Okeechobee und mit dessen »Überschußwasser« in die Everglades gelangen. Das rief schon vor Jahren Ökologen und Umweltschützer auf den Plan, die seitdem gegen die Viehhaltung ebenso wie gegen den Düngemitteleinsatz Front machen, um den Algenwuchs im See zu stoppen und der fortschreitenden Schadstoffbelastung der Everglades Einhalt zu gebieten. Biologen fanden heraus, daß heute nur noch etwa zehn Prozent der vor 100 Jahren in den Sümpfen lebenden Vögel dort heimisch sind. Jahr um Jahr wird die Liste der offiziell als gefährdet eingestuften Arten länger. Mit der Aufnahme von Schadstoffen über die Nahrungsmittelkette legen viele Vogelarten Eier mit immer dünneren

Rund um den malerischen Eco Pond türmen sich Mangroven und urwaldartige Vegetation zu einer wuchernden Mauer auf. Hie und da bilden Ibisse weiße Flecken im blättergrünen Hintergrund der vor Schwüle und Feuchtigkeit dampfenden Sumpfkulisse.

**Sogar auf dem Trockenen, etwa als Wandmalerei, präsentiert sich die Unterwasserwelt der Florida Keys mit all ihren Reizen, wenn auch die Meerjungfrau der Phantasie und nicht den tatsächlichen Bedingungen entspricht.**

Schalen, so daß ein stets kleiner werdender Anteil des gefiederten Nachwuchses überlebt.

Flamingo entpuppt sich als winziges Zentrum für Parkbesucher, die dort übernachten, eine Bootsfahrt unternehmen oder in die unbekannteren Parkteile vorstoßen wollen. Ganz in der Nähe lassen kleine Weiher erahnen, welche Idylle die abseits jeder menschlichen Zivilisation gelegenen Areale auch heute noch ausstrahlen. Rund um den malerischen Eco Pond türmen sich Mangroven und urwaldartige Vegetation zu einer wuchernden Mauer auf. Hie und da bilden Ibisse weiße Flecken im blättergrünen Hintergrund der vor Schwüle und Feuchtigkeit dampfenden Sumpfkulisse. Unbeweglich steht ein Weißreiher in einer flachen Lagune und beobachtet die Umgebung.

## Reizvolle Inselwelt

Sowohl der Biscayne als auch der Everglades National Park sind »Vorprogramme« auf dem Weg zu den Florida Keys. Auf den Inseln hat sich ein in den USA einzigartiges Orientierungssystem durchgesetzt, das die Suche nach Hotels oder Parks leichtmacht. Die grünen Mile Markers (Meilenmarkierungen – MM) gibt es zwar in allen Bundesstaaten der Vereinigten Staaten, aber nirgends dienen sie der Bevölkerung zur Ortsangabe. Anders auf den Florida Keys. Straßennamen kennen die Einheimischen dort meistens nicht, weil sie sich an den Mile Markers orientieren, die in Key West mit Mile Marker 0 anfangen und südlich von Florida City auf den Keys mit MM 127 aufhören. In Ost- oder Westrichtung orientiert man sich entweder nach der Oceanside (östliche Atlantikseite) oder Bayside (Florida Bay bzw. Golf von Mexiko im Westen).

Bis zum Jahr 1912 bildeten die Florida Keys eine noch weitgehend isolierte Welt. In diesem Jahr wurde die von Henry Morrison Flagler finanzierte Eisenbahnlinie bis nach Key West fertiggestellt, von wo die Passagiere per Eisenbahnfähre ihre Reise bis nach Havanna auf Kuba fortsetzen konnten. Schon 23 Jahre später legte ein schwerer Wirbelsturm Flaglers Lebenstraum in Trümmer. Noch heute existieren zahlreiche Überreste der ehemaligen Bahnlinie, die 1938 durch den Bau einer Straße ersetzt wurde.

Erste »Perle« der Florida Keys ist Key Largo. Sie ist die größte von allen Inseln des südlichen Florida und besitzt mit dem John Pennecamp Coral Reef State Park ein etwa 34 Kilometer langes und zwölf Kilometer breites Unterwasser-Naturschutzgebiet. Etwa zehn Kilometer von der Insel entfernt zieht sich auf der Atlantikseite die längste Riffkette der westlichen Hemisphäre entlang, die aus lebenden Korallen besteht und Key Largo zu einem Taucherzentrum der USA machte. Vor Jahrzehnten bildete sie noch einen »Souvenirladen« für Taucher, die dort zum Korallenpflücken ausschwärmten und dabei leider der faszinierenden Welt auf dem Meeresboden nicht mehr wiedergutzumachende Schäden zufügten. Heute hegen die Parkranger ihre Schätze wie Kronjuwelen und verhängen empfindliche Strafen, wenn sich jemand nicht an die Schutzmaßnahmen hält.

Im State Park gibt es eine Stelle mit dem Namen Key Largo Dry Rocks, die nicht nur ortskundigen Tauchern bekannt ist. Vor einigen Jahren wurde dort mit »Christ of the Deep« eine drei Meter große Christusstatue mit erhobenen Armen in sieben Meter Tiefe versenkt, um Unterwassersportlern einen zusätzlichen Anreiz zu verschaffen. Seit damals gehört die zwei Tonnen schwere Bronzeskulptur zu den am häufigsten fotografierten Unterwassermotiven Floridas.

Noch viel ursprünglicher ist die äußerste Nordspitze der Insel Key Largo mit dem Crocodile Lake Wildlife Refuge, dem einzigen Lebensraum Floridas für Krokodile. In dieser Gegend wachsen zum Teil giftige Bäume. Was den Flecken aber noch gefährlicher macht, ist die Tatsache, daß in diesem schwer zugänglichen Gebiet seit einigen Jahren Drogenhändler ihre kriminellen Geschäfte abwickeln.

## Unterwasserwelt

Der Key Largo Undersea Park in Key Largo erstreckt sich über eine sichere Lagune, wo Besucher die natürliche Unterwasserwelt zu sehen bekommen. Neben einer interessanten Flora und Fauna bietet der Park ein Unterwasserlabor, ein Schiffswrack und das einzige Unterwasserhotel der Welt in gut neun Metern Tiefe. »Jules' Undersea Lodge« bietet Platz für sechs Gäste, die normalerweise mit Taucherausrüstung anreisen. Natürlich gibt es in der Lodge auf dem Meeresboden alle Annehmlichkeiten, die auch andere Hotels bieten, mit dem einen Unterschied, daß es tunlich ist, die Fenster gut geschlossen zu halten.

## Hochburg für Hochseeangler

Im geographischen Zentrum der Florida Keys liegt die Inselgruppe Islamorada, die sich auch gerne Floridas Zentrum der Hochseefischerei nennen läßt. Wahrscheinlich rührt

**Selbst Galionsfiguren kommen auf den Florida Keys im ganz besonderen Outfit daher.**

Noch viel ursprünglicher ist die äußerste Nordspitze der Insel Key Largo mit dem Crocodile Lake Wildlife Refuge, dem einzigen Lebensraum Floridas für Krokodile.

Nirgendwo zeigt sich Florida so meeresnah wie auf den Florida Keys. Kormorane halten nach einlaufenden Schiffen Ausschau, während mancher glückliche Angler stolz seinen frischen Fang präsentiert und andere an der Bar um die Ecke ihre Beute feiern.

alice cooper

**Werbung ist das halbe Leben. Auf Islamorada macht ein Restaurant mit einer überdimensionalen Meerjungfrau auf sich aufmerksam.**

der Name von lilafarbenen Seeschnecken oder von blauen Bougainvillea-Blüten her, welche die Spanier auf den Namen »islas moradas« (violette Inseln) brachte. Zu den zentralen Mitgliedern dieses Inselclubs gehört Windley Key mit dem »Theater of the Sea«. In den Shows dieser Freilichtbühne spielen Delphine und Seelöwen die Hauptrollen.

Sehenswertes hat auch Indian Key zu bieten. Vor der Küste dieser kleinen Insel, auf der 1838 ein botanisch interessierter Arzt Kaffee- und Mangobäume, Sisalpflanzen und Tee nebst vielen anderen exotischen Spezies anpflanzte, havarierte am 13. Juli 1733 die spanische Galeone »San Pedro«. An Bord befanden sich Kisten mit 16 000 Silbermünzen, Körbe voll wertvollem chinesischem Porzellan, mit Elfenbein ausgelegte Waren und Silberschmuck. Diese Schätze lagen auf dem Meeresgrund, bis Taucher das Wrack aufstöberten und völlig plünderten. Selbst Teile des versunkenen Schiffes wurden abmontiert, gehoben und als Souvenirs weggeschleppt. Um die Unterwasserattraktion zu erhalten, ließ der Staat sieben ebenfalls verschwundene Kanonen aus Beton im Originalstil nachfertigen und auf dem Deck des Havaristen befestigen. Durch Algenbewuchs sind die Kopien von den ursprünglichen Bordwaffen heute nicht mehr zu unterscheiden.

Wer an einem schönen sonnigen Tag über die Keys fährt, kann sich kaum vorstellen, mit welcher Gewalt Schlechtwetterfronten über die Inselwelt herfallen können. Auf Upper Matecumbe Key steht bei MM 80.5 ein im Art-déco-Stil errichtetes unauffälliges Monument, das an den katastrophalen Hurrikan des Jahres 1935 erinnert. Dieser Sturm zerstörte nicht nur die Eisenbahnlinie nach Key West, sondern kostete über 400 Menschen das Leben. Sie wollten sich per Zug in Sicherheit bringen, wurden aber von einer riesigen Flutwelle überrascht.

Beim Bau von Flaglers Eisenbahnlinie spielte Key Vaca mit der Ortschaft Marathon eine wichtige Rolle als Arbeitercamp und Materialbasis. Ähnliche Bedeutung erlangte die heute knapp 9000 Einwohner große Stadt in späteren Jahren während des Straßenbaus. Von Key West abgesehen, geben sich die Florida Keys nirgends so urban wie hier. Und kaum irgendwo sind Kommerzialisierung und Tourismus so schnell vorangeschritten wie auf Key Vaca, das im Süden über die spektakulärste Brückenverbindung an die benachbarten Lower Keys »angebunden« ist: die Seven Mile Bridge. Auf einer Länge von 11,2 Kilometern schwingt sich der Overseas Highway in etwa zehn Metern Höhe über das flache, smaragdgrüne Wasser.

**Egal wo man sich auf den Florida Keys auch befindet, der nächste Strand mit vorzüglichen Bade- und Wassersportmöglichkeiten ist höchstens einen Steinwurf weit entfernt.**

# Delphine

Vor einigen Jahrzehnten hieß das Zentrum auf Grassy Key noch »Flipper's Sea School«. Dort wurden einem Delphin namens Flipper jene Kunststücke beigebracht, die er später einem Millionenpublikum in einer populären TV-Serie zeigen durfte. Inzwischen wurde aus der Schule das Dolphin Research Center, das sich mit der wissenschaftlichen Delphin-Forschung beschäftigt, gleichzeitig aber Besuchern die Möglichkeit bietet, die Trainingsprogramme mit den Meeressäugern hautnah vom Land aus oder im Wasser zu verfolgen.

**Oben und rechte Seite: Auf der Fahrt über die Florida Keys nach Key West mit seinen herausgeputzten Holzhäusern kann man bei Marathon im Dolphin Research Center bei den zahmen Delphinen Station machen.**

Auf den Lower Keys, der südlichen Inselgruppe, bietet sich keine Stelle so sehr für einen längeren Halt an wie der Bahia Honda State Park am MM 37 mit seinem fabelhaften Badestrand, der trotz aller Attraktivität viel weniger besucht ist als die »In«-Strände etwa in Key West. Ein kleiner Spaziergang führt vom Strand auf die Überreste einer abgebrochenen Brücke hinauf, von der man einen weiten Blick über die exotische Inselwelt hat.

## Key West

Obwohl im äußersten Südwesten der Florida Keys gelegen, ist Key West doch das unumstrittene Inselzentrum. In Old Town konzentrieren sich Restaurants und Kneipen, Läden und Boutiquen, Luxushotels und Motels auf ein paar Straßenzüge, die von hübschen Holzhäusern und subtropischen Gärten gesäumt werden. Zu den schönsten gehört das Audubon House aus dem Jahr 1812, in dem der bekannte Naturkundler John James Audubon eine Zeitlang lebte und das heute in einem wuchernden Garten geradezu versinkt.

Noch berühmter ist natürlich das Hemingway House, das sich der spätere Nobelpreisträger Ernest Hemingway 1931 für 31 000 Dollar kaufte. Hier entstand Weltliteratur wie »Wem die Stunde schlägt«, wenn »Papa« nicht gerade auf dem Weg in Sloppy Joe's Bar war, die heute noch zu den obligatorischen Tresenstopps für alle Hemingway-Fans gehört. Der berühmte Schriftsteller wurde ungefragt zum populärsten Werbeträger von Key West. Jedes Jahr finden vor Ort Wettbewerbe statt, bei denen es um die besten Kurzgeschichten geht, die im Stil des »Meisters« geschrieben werden. In anderen Konkurrenzen treten gestandene Männer gegeneinander an, die dem Original möglichst ähnlich sehen sollen.

Key West ist ein lebenslustiger, hübscher Flecken, gerade noch neunzig Meilen von Kuba entfernt, wie eine bunt gestrichene Riesenboje am Ende der Whitehead Street wissen läßt. Um diese Stelle drängeln sich tagtäglich die Touristenmassen, weil sich kein Punkt so sehr für ein Erinnerungsfoto anbietet wie dieser.

In Anbetracht dieser »Pfunde«, mit denen die Insel wuchern kann, ist nicht verwunderlich, daß sich der Tourismus vor Ort eine uneinnehmbare Bastion geschaffen hat. Um den Mallory Square, auf dem sich allabendlich zum Sonnenuntergang Straßenmusikanten und Gaukler, Dompteure mit durch Feuerreifen springenden Hauskatzen und Entfesselungskünstler zur Open-Air-Gala treffen, oder auf den Kneipen- und Restaurantmeilen an der Front und Duval Street herrscht Tag und Nacht Kirmesatmosphäre. Kein Wunder. Wer die lange Anfahrt über die Keys in Kauf genommen hat, hat in der Regel alles andere im Sinn, als sich in Key West auszuruhen.

CASA HUESO
PEZ
KEY FLORIDA
UNITED STA ES OF AMERICA
The Southernmost City in the Continental U.S.A.
ACTS: FIVE FLAGS HAVE FLOWN OVER FLORIDA
FACTS: KEY WEST REMAINED UNDER UNION CONTROL DURING THE WAR OF NAWTHERN AGRESSION (CIVIL WAR TO YOU YANKEES). THE LOCAL POPULATION SYMPATHIZED WITH THE CONFEDERACY. SO OFFICIALLY ONLY FOUR FLAGS HAVE FLOWN OVER KEY WEST.

SLOPPY JOE'S
FOOD
CO.

The
1933
1937
SALOON
THE OLDEST BAR IN FLA

Ernest Hemingway, dessen Stammkneipe »Sloppy Joe's« längst zum Wallfahrtsort für Touristen geworden ist, fungiert in Key West als renommiertes Aushängeschild und »Inselwahrzeichen«.

# Die Golfküste

Früher galten für nicht-amerikanische Urlauber als »klassische« Reiseziele Floridas im Grunde genommen nur Orlando, Key West und Miami Beach. Aber das war einmal. In den vergangenen Jahren machte die weniger durchgestylte, dafür streckenweise noch natürlichere Küste am Golf von Mexiko touristisches Terrain gut und offeriert Gästen des Sonnenscheinstaates heute eine lohnende Alternative zur Atlantikküste. Hinzu kommt, daß auf den weniger ausgetretenen Pfaden im Westen der Florida-Halbinsel nicht nur die sehenswerten Naturszenerien locken, sondern stellenweise auch erheblich günstigere Preise.

**Auf Longboat Key treffen sich allabendlich Touristen und Einheimische zum Sonnenuntergang.**

Begegnungen mit Haien sind für die meisten Florida-Besucher glücklicherweise auf die zahlreichen Aquarien beschränkt, in denen man das reiche Meeresleben des amerikanischen Südostens trockenen Fußes kennenlernen kann.

Seit griechische Einwanderer in Tarpon Springs an der Golfküste die Schwammtaucherei begründeten, erfreut sich das kleine Küstenstädtchen Jahr für Jahr vieler Besucher, die sich für die »weiche Ware« interessieren.

Die ehemalige Residenz des Kunstsammlers und Zirkuskönigs John Ringling in Sarasota ähnelt in vielen architektonischen Details einem prunkvollen orientalischen Märchenpalast.

NO FISHING

Typisch Florida: Wo ein Segelboot im türkisfarbenen Wasser an einem kleinen hölzernen Pier festmacht, ist die nächste Kokospalme sicherlich nicht fern.

Der Brunnen im Sentenial Park in Fort Myers vereinigt drei ehemalige berühmte Einwohner der Stadt: Thomas A. Edison, Henry Ford und Harvey S. Firestone.

An der Küste der Pinellas Peninsula locken einige Flecken mit den Nachbildungen von wind- und wettergegerbten Walfangstationen, in denen heute Restaurants, Schnellimbisse und Souvenirshops untergebracht sind.

# Sonnenbank am Golf von Mexiko

Auf der Straßenkarte sieht Floridas zentraler Golfküstenabschnitt von Tallahassee bis zur Tampa Bay wie ein sumpfiges, wenig erschlossenes Niemandsland aus. Der Highway 19, an dem Straßenschilder auf Bären aufmerksam machen, ist die einzige größere Straßenverbindung durch diesen Landesteil. Nur einige wenige Stichstraßen suchen den Weg an die Küste. Einladend wird der Meeressaum erst an der Mündung des Suwannee River in den Golf.

Nur einige Meilen weiter südlich zerbröselt ein Landvorsprung in den kleinen Cedar Keys. Auch der über einen Damm erreichbare Ort heißt Cedar Key. In der zweiten Hälfte des 19. Jahrhunderts war er Endstation einer von Amelia Island an der Nordostküste zum Golf führenden Eisenbahn. Die alten Dampfloks transportierten hauptsächlich Zedernholz, das unter anderem in Deutschland zur Herstellung von Bleistiften gebraucht wurde. Als die umliegenden Wälder gefällt waren, gab es keinen exportfähigen Rohstoff mehr. Cedar Key versank in einen Dornröschenschlaf, aus dem es bis heute nicht erwacht ist.

Trotzdem – oder wahrscheinlich gerade deswegen – strahlt das 700 Einwohner große Küstendorf mit seinen verstreuten Häusern, allesamt aus einheimischem Holz, ein sehr sympathisches Flair aus. Am Abend sitzen die Einwohner in der Gesellschaft zahlreicher Brauner Pelikane auf dem natürlich auch aus Zedernholz gezimmerten Pier, um einem in Florida sehr verbreiteten Sport zu frönen: dem »sunset watching«. Die manchmal geradezu theaterhaften Sonnenuntergänge werden nicht umsonst als Naturschauspiele erster Güte gerühmt.

# ROCHEN, SEEKÜHE UND SCHWAMM-TAUCHER

Der Homosassa Springs State Wildlife Park ist hauptsächlich während der sommerlichen Schulferien ein stark besuchtes Naturreservat. Die Angestellten beschäftigen sich in erster Linie mit der Aufzucht und Pflege von Seekühen, deren Bestände um Floridas Küsten in den vergangenen Jahren und Jahrzehnten ständig zurückgegangen sind. Die neugierigen, harmlosen Tiere sehen aus wie große Robben mit Gesichtern, die an die Physiognomie von Bulldoggen erinnern. Im Park kann man die Tiere von einer Unterwasserstation beobachten, wie sie sich unter der Wasseroberfläche bewegen und ihre Lieblingsspeise verzehren: grünen Salat.

Eine gänzlich andere Attraktion erwartet Reisende in Weeki Wachee. Gleich neben der Durchgangsstraße liegt ein Meerjungfrauen-Theater, das den Kitsch auf die Spitze treibt. Die Zuschauer sitzen vor großen Glasscheiben wie in einem Aquarium und verfolgen die in einem Wasserbecken stattfindenden Märchenaufführungen. Den Schauspielern fordert die nasse Bühne einiges an Tauchkünsten ab, müssen sie doch jeweils für einen Minutenakt Luft schnappen.

Tarpon Springs liegt bereits im nördlichsten Einzugsbereich des Großraumes Tampa – St. Petersburg. Doch hat

Zur exotischen Unterwasserwelt vor den Küsten Floridas gehören auch flügelschlagende Rochen, die gewaltige Ausmaße annehmen können.

sich das Städtchen nicht als urbanes Zentrum, sondern als Amerikas Naturschwammhauptstadt einen Namen gemacht. Griechische Einwanderer begründeten um die Jahrhundertwende das Geschäft mit der weichen Ware, die an diesem Küstenabschnitt in Mengen im Meer vorkam. Noch heute prägen die Nachfahren der Griechen diesen Ort unverkennbar. Schlendert man um die Mittagszeit an der Hafenpromenade entlang, wo Bootstouren in die Schwammbänke angeboten werden, hallt aus Geschäften und Restaurants der Sirtaki, während der Duft von gebratenem Hammel und geharztem Wein die Luft würzt. In einer Seitenstraße sitzt eine Gruppe älterer Männer im Schatten der Bäume, als habe sich ein Außenbezirk von Athen in den Südosten Amerikas verirrt.

## Metropole an der Tampa Bay

Die Morgensonne blinzelt über der Tampa Bay durch zerzauste Wolkenfetzen. Am Horizont zackt Tampas geometrische Skyline aus Glas und Stahlbeton den Horizont. Die Innenstadt gibt sich betont modern. Auf der verkehrsberuhigten Franklin Street wuselt es vor Menschen, und vor dem alten Rathaus patrouillieren von der lokalen Geschäftswelt eingesetzte »guides«, die ortsunkundigen Besuchern mit Rat und Tat zur Seite stehen.

Blickt man vom nördlichsten Ende von Harbor Island am Hillsborough River, wo ein Restaurant- und Einkaufskomplex mit Terrasse steht, auf den Stadtkern am gegenüberliegenden Ufer, glaubt man eine verkleinerte Version von Manhattan vor sich zu haben. Aber die touristischen Schätze der Hafenstadt stammen eher aus der Vergangenheit wie etwa das Tampa Bay Hotel, das schönste Gebäude vor Ort. Der ehemalige Hotelkomplex, 1891 als Millionärsoase eröffnet und heute als Universität beziehungsweise als Museum genutzt, liegt in einer idyllischen Parkanlage und sieht aus, als habe sich der Architekt durch den Kreml in Moskau inspirieren lassen.

Ein weiteres Relikt aus der Vergangenheit ist der Stadtteil Ybor City, wo früher Tausende von Händen Zigarren drehten und den Stadtteil zu einer Hochburg des »Blauen Dunstes« machten. Von den damaligen Boom-Zeiten sind noch einige Gebäude übrig, darunter am Ybor Square eine ehemalige Zigarrenfabrik und ein Museum, das die Geschichte dokumentiert. Als kräftigere Besuchermagneten haben sich in den letzten Jahren der Zoo Lowry Park und das Vergnügungsparadies Busch Gardens erwiesen, wo Familien mit Kindern einen ganzen Tag verbringen können.

## Zentrale und südliche Golfküste

In westlicher Richtung führt der Courtney Campbell Parkway über die tief in die Küste eingeschnittene Old Tampa Bay nach Clearwater am Küstensaum des Golfes von Mexiko. Vor der eigentlichen Küste liegen mehrere Inseln, die das Land wie eine von Passagen unterbrochene Sandbank vom offenen Meer abschirmen. Dort spielt sich das Strandleben ab, das Florida zu einer ganzjährigen Besucherattraktion macht. Clearwater Beach ist ein solches Zentrum. Direkt vor der Haustür der dortigen Hotels und Motels beginnt der feinkörnige Sandstrand des Golfes, an dem sich die Brandung kräuselt.

**Rechte Seite: Das älteste spanische Restaurant in Ybor City bei Tampa empfängt seine Gäste mit einem prachtvoll dekorierten Eingang.**

EL PATIO

# Caladesi Island

Von einer kleinen Fähre kann man sich von Clearwater auf ein unverfälschtes Stückchen Florida übersetzen lassen: Caladesi Island. Das Wasser zwischen Festland und Inselwelt ist so seicht, daß Ortskundige manche Eilande bei Ebbe sogar zu Fuß erreichen können. Für die Fähre wurde ein Kanal in den schlammigen Untergrund gebaggert, der durch Bojen markiert ist. Caladesi Island soll noch so aussehen, wie die ersten spanischen Entdecker im 16. Jahrhundert die Westküste Floridas antrafen. Von der Bootslände führt ein Holzsteg durch das Palmetto-Buschwerk zum menschenleeren Strand. Zwei blaue Segeltuchstühle bilden Farbkleckse in der Robinson-Crusoe-Szenerie. Smaragdgrün schwappt das Wasser des Golfes den makellos weißen Sandstrand hinauf. Südseegeschichten von Kapitän James Cook kommen einem in dieser Einsamkeit in den Sinn.

Die gesamte Küste der sogenannten Pinellas-Halbinsel von Clearwater Beach bis St. Pete Beach, dem Hausstrand von St. Petersburg, besteht aus flachem Sand. Motels und Hotels signalisieren, daß sich Hotellerie und Gastronomie auf den Touristenstrom eingestellt haben. Längst hat sich auch in der Alten Welt herumgesprochen, daß ein Florida-Urlaub an der Golfküste nicht teurer sein muß als Ferien am Mittelmeer – sofern man nicht gerade in einer Luxusherberge wie dem Don Caesar Hotel absteigt, das wie eine riesige, rosafarbene Burg die Südspitze der Halbinsel bewacht.

Tampa, St. Petersburg und Clearwater bilden das bedeutendste Touristenzentrum an der Golfküste Floridas. St. Petersburg hat sich vor allem mit zwei Sehenswürdigkeiten einen Namen gemacht: mit dem riesigen Pier, dessen Ende wie eine auf den Kopf gestellte Pyramide im Wasser steckt und mit dem international anerkannten Salvador Dalí Museum, das eine der größten surrealistischen Sammlungen des spanischen Künstlers beherbergt.

An der südlicheren Golfküste liegt um Sarasota und Fort Myers ein zweites urbanes und touristisches Zentrum, das man über die kühn geschwungene Sunshine Skyway Bridge an der Mündung der Tampa Bay erreicht. Sarasota gilt zu Recht als Floridas Hochburg der Kunst. Diesen Ruf verdankt es dem Kunstmuseum des ehemaligen Zirkuskönigs John Ringling, der seit den zwanziger Jahren eine für Amerika einmalige Sammlung vor allem barocker Kunstwerke zusammentrug und in einem sehenswerten Museum mit einem umbauten florentinischen Garten ausstellte.

Auch der Küste Sarasotas sind die typischen Sandbankinseln vorgelagert, die heute zu den exklusivsten Urlaubsorten des westlichen Florida zählen. Auf Longboat Key führt die Promenade an Nobelresidenzen, luxuriösen Golfclubs und First-Class-Resorts vorbei. Selbst der Rasen in den Parkanlagen wächst dort offensichtlich akkurater als sonstwo auf der Welt. Zum obligatorischen Sonnenuntergang findet man sich am Strand auf Lido Key ein, wo allabendlich die große Stunde der Fotografen schlägt.

Über Venice mit seinem weit ins Meer hinausreichenden Pier gelangt man ins Mekka der Muschelsammler im Lee County, wo Fort Myers die größte Stadt ist. Dort tüftelte Thomas A. Edison bis zu seinem Tod im Jahre

1931 an seinen genialen Erfindungen. Sein in einem wunderbaren Garten gelegenes Heim an der Palmenallee McGregor Boulevard ist unzweifelhaft die größte Besucherattraktion der Stadt. Wem der Sinn eher nach freier Natur steht, verbringt die Zeit vermutlich lieber am Strand auf Sanibel und Captiva Island, wo die Strömungen für die schönsten Muschelstrände sorgen.

Außer seinem Namen hat Naples mit dem süditalienischen Neapel nichts gemein. Das Städtchen entstand erst im ausgehenden 19. Jahrhundert, als sich betuchte Angler aus Kentucky einen Küstenflecken für ihr Hobby suchten. Damals war die Küste nur auf dem Wasserweg erreichbar. Erst 1926 war ein Schienenweg ins südwestliche Florida gelegt.

Naples gehört zum Aufgeräumtesten, was Amerika an Kleinstädten zu bieten hat. Schmucke, buntgetünchte Häuser unterschiedlicher Stilrichtungen säumen die Palmenalleen. Rasenflächen und Hecken scheinen regelmäßig einer Maniküre unterzogen zu werden. Jede zur Küste führende Straße endet mit einem Zugang zum weißen, palmengesäumten Sandstrand. Wind und Wetter setzten dem hölzernen Pier von Naples in den letzten Jahrzehnten so sehr zu, daß er in der Mitte der neunziger Jahre neuaufgebaut und auf Betonpfeiler gestellt werden mußte.

**In nahezu allen Landesteilen gibt sich der »Sunshine State« als wassersportverrückt. Auf Caladesi Island existieren noch naturbelassene Strände, die sich seit der Zeit der ersten Spanier kaum verändert haben.**

## Nostalgisches

Nachdem der Westen Amerikas Nostalgie- und Abenteuerreisenden mit Geisterstädten reizvolle Ziele verschafft, will auch Florida ähnliche Attraktionen bieten.

Mit John's Pass Village auf Treasure Island und mit Boatyard Village in der Nähe des St. Petersburg-Clearwater International Airport entstanden zwei Fischerdörfer aus alten Planken und rostigem Wellblech, die Besuchern romantische Hafen- und Spelunkenatmosphäre vermitteln sollen.

Wer sich zum Angeln an die Küste begibt, kann sich der Begleitung Brauner Pelikane sicher sein. Das Städtchen Naples wurde im ausgehenden 19. Jahrhundert als fischträchtiges Paradies von Nordstaatlern entdeckt. Heute schickt es sich an, in die prominenten Fußstapfen von Palm Beach zu treten.

Merriman's
Wharf

Le Cherche-Midi

# Das Zentrum um Orlando

In Orlando ankommende Flugreisende werden im Hauptterminal des Flughafens stilecht begrüßt: von einer hochgewachsenen Blondine, die an einer Leine einen kapitalen Alligator spazierenführt. Wie so vieles im Zentrum Floridas ist diese Szene nicht echt, sondern ein Wandgemälde, das Neuankömmlinge landesüblich willkommen heißen soll. Nirgendwo im Sonnenscheinstaat sind die Grenzen zwischen Wirklichkeit und Illusion so fließend wie in Orlando, wo Träume längst in Realitäten verwandelt wurden.

**Das Hard-Rock-Café im Vergnügungsparkzentrum südlich von Orlando wirbt mit einer ungewöhnlichen Fassade für sich und das »autogerechte« Amerika.**

Einen Blick in die Zukunft des Planeten Erde bietet das zum Disney-Imperium gehörende Epcot Center in Orlando mit dem »Raumschiff Menschheit« in Gestalt eines riesigen Golfballes.

Die ehemalige Bahnstation an der Church Street im Stadtzentrum von Orlando dient heute als Restaurant- und Einkaufszentrum.

# Wo Mickey Mouse das Zepter schwingt

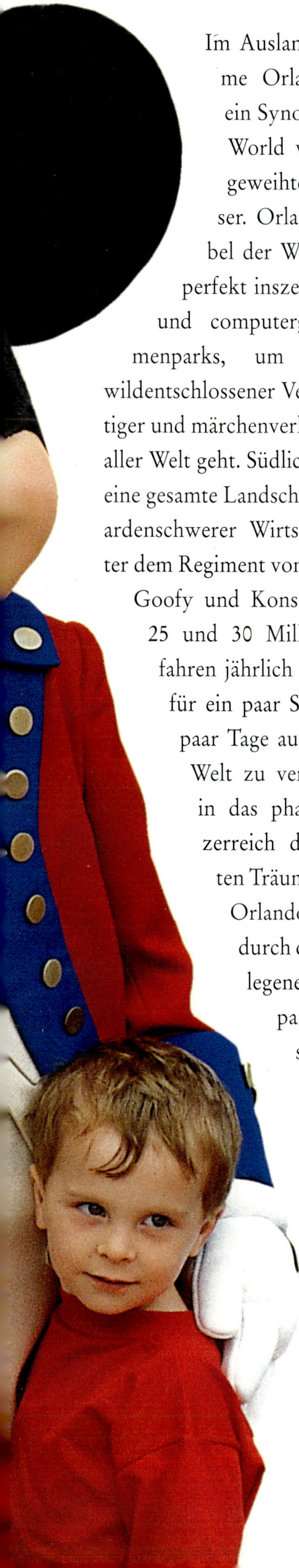

Im Ausland wird der Name Orlando häufig als ein Synonym für Disney World verstanden. Eingeweihte wissen es besser. Orlando ist der Nabel der Welt, wenn es um perfekt inszenierte Illusionen und computergesteuerte Themenparks, um Millionenheere wildentschlossener Vergnügungssüchtiger und märchenverliebte Kinder aus aller Welt geht. Südlich der Stadt steht eine gesamte Landschaft und ein milliardenschwerer Wirtschaftszweig unter dem Regiment von Mickey Mouse, Goofy und Konsorten. Zwischen 25 und 30 Millionen Besucher fahren jährlich hierher, um sich für ein paar Stunden oder ein paar Tage aus der wirklichen Welt zu verabschieden und in das phantastische Glitzerreich der unbeschwerten Träume einzutauchen. Orlando selbst führt durch die außerhalb gelegenen Vergnügungsparks ein touristisches Aschenputtel-Dasein. Einzige Sehenswürdigkeit im Stadtgebiet ist mit der Church Street Station ein ehemaliger Bahnhof, der in ein Restaurant-, Einkaufs- und Unterhaltungszentrum umgewandelt wurde. Bei Dixieland-Jazz und Can-Can-Tänzen fließt das Bier an den zahlreichen Tresen vor allem an Wochenenden in Strömen.

Die Geschichte der Stadt ist schnell erzählt. Ihren Namen bekam sie offenbar von einem gewissen Orlando Reeves. Er gehörte zu einem Trupp von Soldaten, die um 1840 das nördliche Zentrum Floridas auskundschafteten. Bis 1857 hieß die Gegend noch Jernigan nach einem Pionier aus Georgia, wurde dann aber in Orlando umgeändert. Jahrzehntelang bildete dieser Landesteil ein Hauptanbaugebiet für Zitrusfrüchte. Doch gelegentliche Kaltlufteinbrüche aus dem Norden dezimierten die Kulturen und machten den Farmern schließlich die Entscheidung leicht, ihre Aktivitäten weiter nach Süden zu verlegen.

Nach dem Zweiten Weltkrieg bahnte sich eine neue Ära an. Im Jahr 1949 eröffnete ein Tiergarten mit Alligatoren und Krokodilen, ehe seit 1966 das eine Autostunde von Orlando entfernte Kennedy Space Center größere Besucherströme in diesen Teil Floridas brachte. Die Nähe zum Weltraumbahnhof mag auch die Walt-Disney-Gesellschaft bewogen haben, ihr Florida-Unternehmen in dieser Gegend anzusiedeln. Als 1971 Walt Disney World ihre Pforten öffnete und in den nachfolgenden Jahren mit gewaltigen Besucherzahlen aufwarten konnte, ließen sich auch andere Unternehmen von dieser Geschäftsidee inspirieren, so daß sich schließlich im Süden von Orlando ein Mekka der in Amerika so populären Themenparks herauszubilden begann. Nach wie vor ist Disney World das beliebteste Zentrum in dieser ziemlich unübersichtlichen Vergnügungslandschaft, um das die anderen Vergnügungssatelliten kreisen. Disney World selbst ist über die Jahre auch nicht dieselbe geblieben, sondern hat sich ständig vergrößert und besteht heute aus mehreren Teilen. Besucher sollten sich zu Beginn ihrer Abenteuertour durch das Imperium der Phantasien erst einmal darüber klarwerden, was es überhaupt zu besichtigen gibt.

## Disney World

Disney World dehnt sich über ein Gebiet von 111 Quadratkilometern aus und besteht aus drei Themenparks, zwei Wasserparks, einer Naturinsel, einem Unterhaltungs-

### Vergnügungsparks

Alle Vergnügungsparks verfügen neben den eigentlichen Sehenswürdigkeiten über Restaurants, Schnellimbisse, Erste-Hilfe-Stationen, Übersetzer, die Sprachprobleme zu überwinden helfen, geführte Touren, Schließfächer und zentrale Anlaufstellen, falls man etwas verloren hat. Für Behinderte stehen Rollstühle zur Verfügung. Will man einen Park für bestimmte Zeit verlassen, seinen Besuch aber am selben Tag fortsetzen, muß man sich am Ausgang einen Stempel geben lassen.

**Die Universal Studios in Orlando haben sich über die Jahrzehnte hinweg zu einer echten Traumfabrik entwickelt. Als neueste Attraktion wurde im Sommer 1996 der Jurassic Park eröffnet.**

komplex für Erwachsene, einem Einkaufsdorf, einem Campingplatz und knapp zwei Dutzend Hotels. So gesehen bildet das Unterhaltungsreich eine eigene Stadt, in der es bis auf Realitätsbezüge an nichts mangelt.

Älteste Disney-Einrichtung in Orlando ist Magic Kingdom mit dem berühmten Aschenputtel-Schloß im Zentrum, das Neuschwanstein nachempfunden sein soll. Dieser Park setzt sich wie die anderen Disney-Filialen aus einzelnen, mit bestimmten Themen beschäftigten Teilen zusammen. Main Street USA (Hauptstraße Amerikas) versetzt den Besucher in das Amerika des ausgehenden 19. und beginnenden 20. Jahrhunderts, als technische Neuerungen wie Elektrizität und Automobil die Neue Welt zu erobern begannen und das »alte« Amerika in Gestalt von viktorianischen Häusern, Gaslampen und Pferdekutschen verdrängten. Am Big Thunder Mountain donnert ein Zug mit offenen Waggons durch einen künstlichen Berg, und Jungle Cruises bieten Bootsfahrten durch einen geheimnisvollen Sumpf, in dem viele »Gefahren« lauern. Der Parkteil Tomorrowland widmet sich mit seinen Attraktionen dem Raumfahrtzeitalter und hat sich vor allem für Teenager als der große »Renner« erwiesen.

Während Magic Kingdom hauptsächlich etwas für jüngere Besucher ist,

In den Universal Studios werden nicht nur Filmkulissen ausgestellt, sondern wie eh und je Filme gedreht.

hält das Epcot Center Sehenswertes eher für Erwachsene bereit, geht es hier doch um moderne Technologien und Zukunftsprojekte, die man unter anderem bei simulierten Entdeckungsreisen vorgestellt bekommt. Der Name Epcot steht als Abkürzung für »Experimental Prototype Community of Tomorrow« (Experimenteller Urtyp einer Zukunftsgemeinde). Wahrzeichen des Zentrums ist ein riesiger »Golfball«, der als Raumschiff Erde dient. Auf dem Gelände gibt es auch ein knappes Dutzend nationaler Dörfer, die im jeweils landesüblichen Stil samt entsprechender Attraktionen aufgebaut sind – von mexikanischen Maya-Pyramiden bis zum Eiffelturm. Die jüngste Attraktion im Epcot Center kostet rund 140 Dollar und erfordert Sportlichkeit. Das Programm unter dem Namen »DiveQuest« gibt Gästen die Möglichkeit, sich in einem Aquarium zu Fischen und Meeresflora zu gesellen.

Dritter großer Disney-Park sind die Disney-MGM-Studios, in denen es um bekannte Filmproduktionen und die entsprechenden Kulissen geht. In einer der Hauptstraßen spaziert man an der Wolkenkratzer-Skyline von Manhattan vorbei, während in einer Gasse gleich nebenan die Hausfassaden an die sogenannten »goldenen« zwanziger Jahre erinnern.

Liebhaber von Abenteuerfilmen können Stuntmen-Shows miterleben, bei denen es von Jahr zu Jahr dramatischer zugeht. Sogenannte »Backstage Studio Tours« führen die Besucher hinter die Kulissen moderner Filmproduktionen und verraten so manchen wirkungsvollen Trick.

**Das gruselige Motel von Bill Gates aus dem Hitchcock-Thriller »Psycho« steht nicht nur hier in den Universal Studios in Florida, sondern auch in Los Angeles.**

## Universal Studios und Sea World

Ein lokaler Konkurrenzbetrieb zu den Disney-Studios sind die Universal Studios, das größte nicht in Hollywood befindliche Filmgelände der Welt. Dort werden nicht nur Filmkulissen ausgestellt, sondern wie eh und je Filme gedreht. Wenn es der Zufall will, kann man die großen Illusionsmacher bei der Arbeit beobachten. Frühere Produktionen wie »E.T.«, »Ghostbusters« und »King Kong« werden vermarktet.

Als Superattraktion erwies sich in den vergangenen Jahren eine Erdbebensimulation, bei der die High-Tech-Experten alle Register ihres Könnens zo-

Elektrische Leitungen zerfetzen funkensprühend, der Bahnsteig platzt auf, während Deckenstützen wie Streichhölzer einknicken, ein Tankwagen über eine eingestürzte Decke in den U-Bahn-Tunnel rutscht und in Flammen aufgeht.

**Oben und rechte Seite: In den Cypress Gardens zwischen Orlando und Tampa nimmt die blühende Natur zeitweise seltsame Formen an. Neben manikürten Parkanlagen sieht man auch wasserakrobatische Darbietungen.**

gen. Diese Show gaukelt den Besuchern vor, daß sie sich in der U-Bahn in San Francisco befinden. Plötzlich erschüttert ein Erdstoß der Stärke 8,3 die unterirdische Station. Elektrische Leitungen zerfetzen funkensprühend, der Bahnsteig platzt auf, während Deckenstützen wie Streichhölzer einknicken und ein Tankwagen explodierend in den U-Bahn-Tunnel rutscht. Durch einen Seitengang schießt das Wasser der San Francisco Bay in den Tunnel und macht die Katastrophe komplett. Nur Sekunden vergehen, ehe sich die gesamte Szenerie wie von Geisterhand dirigiert selbst repariert.

Nur bedingt kann man Sea World zu den großen Themenparks zählen. Eher wird die Bezeichnung Ozeanarium dieser Anlage gerecht. Zu sehen gibt es auf diesem 125 Hektar großen Gelände neben exotischen Meeresbewohnern wie Barrakudas, Muränen, Aalen und giftigen Fischen die berühmten Shows mit Orkas, Delphinen, Belugawalen, Seelöwen und Walrössern. Ein Tunnel aus Plastikglas führt so durch ein Haifischbecken, daß man sich vorkommt wie auf einem Spaziergang über den Meeresboden. Eine populäre Attraktion für Kinder ist der »touch tank«, ein flaches Becken, in dem Dutzende von kleinen Rochen schwimmen, die man füttern und anfassen darf.

Seit den neunziger Jahren erlaubt Orlando auch einen Ausflug ins Reich der Mitte. In Splendid China sind rund sechzig berühmte chinesische Gebäude, darunter die Chinesische Mauer, als Verkleinerungen aufgestellt.

## Cypress Gardens

Mit zur Landschaft der Themenparks kann man mit Cypress Gardens eine Attraktion zählen, die am weitesten von Orlando entfernt in der Nähe von Winter Haven liegt. Der im Besitz einer großen Brauerei befindliche Park präsentiert sich einerseits als akkurat gepflegte Naturoase, andererseits als Vergnü-

gungspark mit von Menschenhand gefertigten Attraktionen. Außer einem See mit gewaltigen Sumpfzypressen wartet der exotische Flecken mit 8000 unterschiedlichen Pflanzenarten aus 75 Ländern der Erde auf. Je nach Jahreszeit modellieren die künstlerisch ambitionierten Gärtner aus Blumen überdimensionale Tiergestalten. Ein ganz besonderer Gag des Park-Managements sind die jungen Damen, die in wallenden Antebellum-Kostümen wie nostalgische Relikte aus längst vergangener Zeit über die Rasenflächen lustwandeln und als Fotomodelle gerne zur Verfügung stehen. Wer sich an ihnen sattgesehen hat, kann die auf dem See seit 1943 stattfindenden Wasserski-Vorführungen mit ihren akrobatischen Einlagen beobachten.

Viktorianisch ausstaffierte junge Damen bilden in den Cypress Gardens schmucke Farbtupfer inmitten einer überbordenden tropischen Vegetation.

Wer knackig braun sein will, muß es etwa am puderzuckerweißen Sandstrand von Panama City Beach lange aushalten.

# Der Panhandle

Florida stellt sich gerne als vitales, dynamisches und schnellebiges Urlauberparadies dar. Aber der Bundesstaat kennt auch andere Flecken, in denen die Gemächlichkeit den alteingesessenen Einwohnern längst in Fleisch und Blut übergegangen ist. Der sogenannte Panhandle fällt in diese Kategorie – ein Landstrich im äußersten Westen Floridas, »eingeklemmt« zwischen dem Golf von Mexiko und dem benachbarten Alabama. Auch Upper Golf Coast genannt, glänzt diese Region nicht mit Trendsetter-Qualitäten, eher mit bodenständiger Ländlichkeit und dem sympathischen Charme einer Gegend, die sich selbst genug ist.

An der Miracle Mile in Panama City Beach.

Karen
YOU!
MARK

Die Schiffslände von Apalachicola im Panhandle liegt weit abseits jeglicher Großstadt- und Strandhektik.

Das Old State Capitol in der Hauptstadt Tallahassee ähnelt mit seiner säulengeschmückten Fassade eher einem noblen Grandhotel als einem Staatsparlament.

# Anhängsel mit Eigenschaften

In das bodenständige Bild des Panhandle paßt die 125 000 Einwohner große Hauptstadt Tallahassee, von der man diesen Landesteil gemeinhin erkundet. Wer von der politischen Metropole des »sunshine state« himmelstürmende City-Ansichten und hektische Urbanität erwartet, wird sich herb enttäuscht zeigen. Denn Tallahassee ist im Grunde genommen ein großes Dorf geblieben, mit allen damit verbundenen Vor- und Nachteilen. Nicht weit entfernt verlaufen die Staatsgrenzen von Georgia und Alabama, deren Südstaatenflair auf die Kapitale Floridas abzufärben scheint. Im Stadtzentrum hängt das dekorative Spanische Moos von den uralten Bäumen, und an frühen Sommervormittagen liegt eine Atmosphäre über den aufgeräumten Straßenzügen, die Erinnerungen an alte Plantagenzeiten weckt. Auf einem flachen Hügel mitten im Stadtzentrum »thront« das 1845 erbaute Old Capitol mit einer säulengeschmückten Fassade, einer kleinen Kuppel und markisendekorierten Fenstern, die dem Bau das Aussehen eines altehrwürdigen Nobelhotels verleihen. Längst »außer Betrieb«, dient das Anwesen heute als Repräsentationsgebäude und Museum zur Geschichte der Stadt. Direkt dahinter bewahrheitet das neue Kapitol mit seiner 22 Stockwerke hohen Architektur den Satz, daß neu nicht unbedingt auch schöner bedeuten muß. Auf der obersten Etage wurde eine Aussichtsplattform eingerichtet, auf der sich je-

der Besucher von der Provinzialität der Hauptstadt überzeugen kann.

Eine halbe Autostunde südlich von Tallahassee beginnt der Panhandle sehr dekorativ. Im Edward Ball Wakulla Springs State Park tut sich der tiefste Quelltopf Floridas auf. Aus 56 Metern Tiefe sprudelt kristallklares Wasser an die Oberfläche und macht auf der Parkfläche eine tropische Vegetation möglich. Dschungelfreaks und Alligatorfreunde können sich gefahrlos mit all dem vertraut machen, was in den dampfenden Sümpfen Floridas kreucht und fleucht. In einem abgegrenzten Areal kann man sogar baden. Auf Bootsfahrten über die von riesigen Zypressen eingerahmten Wasserwege, auf denen hie und da eine Alligatorschnauze oder eine Wasserschlange auftaucht, bekommt man einen Eindruck von dieser imponierenden Wildnis. Kein Wunder, daß Wakulla Springs in der Vergangenheit schon mehrfach als Kulisse für Spielfilme herhalten mußte. Einer der ersten war ein Streifen mit »Tarzan« Johnny Weißmueller, der hier an Lianen durch den Urwald schwingend seinen berühmten Schrei trainierte.

Wer von Wakulla Springs an die Golfküste und Richtung Westen nach Apalachicola fährt, tut dies in der Regel aus einem ganz bestimmten Grund: um in der verschlafenen Ortschaft die besten Austern des Landes zu genießen. Wer die Schalentiere verschmäht, darf sich nicht wundern, wenn er als kulinarischer Ignorant belächelt wird. Fangfrisch kommen die Leckerbissen vor allem in den Raw Bars auf den Tisch, äußerst einfachen Lokalen, in denen man dem Personal beim Öffnen der Austern zusehen kann.

## Es war einmal …

Apalachicolas Boom-Zeiten als bedeutender Baumwoll-Hafen sind längst vorbei. Allein 1840 schlug der Ort 130 000 Ballen Baumwolle aus den amerikanischen Südstaaten um und erzielte damit einen Umsatz von über acht Millionen

Auf den dem Panhandle vorgelagerten Sandbankinseln haben sich in den vergangenen Jahrzehnten viele Feriensiedlungen herausgebildet, die von Tallahassee leicht zu erreichen sind.

Dollar. Damit rangierte er unter den Baumwollhäfen der USA hinter Mobile (Alabama) und New Orleans (Louisiana) auf dem dritten Platz. Heute renommiert der Ort nur noch damit, daß einer seiner ehemaligen Mitbürger den Prototyp der in Amerika unverzichtbaren Klimaanlage erfand. Ein winziges Museum erinnert an Dr. John Gorrie, der die Kühlmaschine nicht konstruierte, um seinen Getränkevorrat trinkbar zu halten, sondern um Malariapatienten die drückende Schwüle der Sommermonate zu ersparen. Am Hafen dümpeln bunt getünchte Shrimp-Boote im Wasser, und über den alten Anlagen vermischt sich der Fischgeruch mit dem Küchenduft aus den benachbarten Restaurants, in denen die Früchte des Meeres zu den Grundnahrungsmitteln gehören.

## STRAND-ATTRAKTIONEN

Im Gegensatz zu den anderen Teilen Floridas spielt der Tourismus im Panhandle eine ziemlich untergeordnete Rolle – bis auf eine Ausnahme. Der Badeort Panama City Beach ist für den »Pfannenstiel«, was Rimini für die italienische Adriaküste bedeutet. Nur: der makellos weiße Sandstrand und das türkisfarbene Wasser sind viel sauberer, wie eine Reihe wissenschaftlicher Untersuchungen ergab. Der Badequalität nach rangiert der Küstenort unter mehr als 600 amerikanischen Konkurrenten auf Platz 14.

Direkt über dem Strand verläuft die Küstenstraße, die von Hotelburgen, Restaurants, Souvenirläden und anderen für Badeorte typischen Einrichtungen gesäumt wird. Im Sommer ist dort die Hölle los, und außer Stop-and-go-Verkehr läuft vom frühen Morgen bis spät in die Nacht gar nichts außer vielleicht dem einen oder anderen Fußgänger. Ein Teil der Promenade trägt den Namen »Wundermeile«, wahrscheinlich weil schon mancher Reisende in Anbetracht der Strandattraktionen kaum mehr aus dem Staunen herauskam. Vergnügungsparks, Museen, Bungy-Jumping-Kräne und mit Totenköpfen dekorierte Minigolfanlagen müssen einem wie das letzte Aufgebot touristischer Freizeitbeschäftigung vorkommen.

Anfang der achtziger Jahre suchte man die Ortschaft Seaside auf Florida-

**Linke Seite und oben:**
**Kaum ein Küstenort im Panhandle kommt ohne Pier auf hölzernen Stelzen und ohne Raw Bar mit frischen Austern aus.**

Am Hafen dümpeln bunt getünchte Shrimp-Boote im Wasser, und über den alten Anlagen vermischt sich der Fischgeruch mit dem Küchenduft aus den benachbarten Restaurants.

# Florabama

Direkt auf der Grenze zwischen Florida und Alabama im äußersten Westen des Landes steht mit dem »Florabama« eine legendäre Kneipe dieser Region. Das grob zusammengezimmerte Anwesen glänzt weder mit baulichen Reizen noch mit ganz besonderen Gaumenfreuden, sondern in allererster Linie mit Atmosphäre. Häufig treten Bands auf und sorgen dafür, daß dieses »watering hole« aus allen Nähten platzt, obwohl selbst im Freien auf einer direkt über dem Sandstrand errichteten Terrasse Bänke und Tische aufgebaut sind. Das »Florabama« ist kein Refugium für zarte Gemüter. Dort herrscht eher Pionierstimmung, wie man sie vor hundert Jahren noch im Wilden Westen antraf.

**Oben: Die legendäre Musik- und Bierkneipe »Florabama« liegt genau auf der Grenze zwischen Florida und Alabama.**

**Rechte Seite: Das historische Fort Pickens bei Pensacola entstand zwischen 1829 und 1839.**



Straßenkarten noch vergeblich, weil der Ort damals noch gar nicht existierte. Erst in den Jahren danach begann sich der schmucke Flecken herauszubilden, quasi als architektonischer Open-Air-»Laborversuch«. Denn an Seaside ist nichts Gewachsenes. Sämtliche Häuser, Straßen und Wege entstanden am Reißbrett unter der Maßgabe, eine Ortschaft mit hoher Lebensqualität zu schaffen. Während die einen mit dieser im neuenglischen Stil errichteten Siedlung eine geniale Architekten-Idee feiern, sehen die anderen in der Ansammlung von herausgeputzten Holzhäusern kaum mehr als ein Kunstprodukt, zwar hübsch anzuschauen, aber ohne wirkliches Leben.

## Der extreme Westen

Auf dem ganzen Weg von Apalachicola ans »Ende« Floridas sind der Golfküste langgezogene Barriere-Inseln wie Sandbänke vorgelagert, die der eigentlichen Küste Schutz vor den häufigen Hurrikans geben. Teilweise führen Straßen über diese Inseln wie etwa auf Santa Rosa Island. Die westlichen Teile des Eilandes gehören zum Gulf Island National Seashore, einem Küstenschutzgebiet mit wunderbaren Stränden, an denen man selbst in der Hochsaison alleine sein kann. Im Fort Pickens wurde im Jahr 1886 Amerikas »roter« Feind Nummer eins festgehalten: der legendäre Apachenhäuptling Geronimo, der nach seiner Kapitulation im südlichen Arizona in den amerikanischen Osten deportiert wurde.

Im äußersten Westen des Panhandle liegt die Stadt Pensacola. Ihrer Architektur ist anzusehen, daß sie im letzten Jahrhundert ziemlich reich gewesen sein muß. Tatsächlich hatte es die Hafenstadt durch den Warenumschlag zu Wohlstand gebracht. Genau besehen entstand jedoch vieles von dem, was heute noch etwa an schönen Gebäuden mit gußeisernem Fassadenschmuck existiert, durch Spekulation. Viele Geschäftsleute trieben nämlich mit Blick auf die Öffnung des Panama-Kanals im ausgehenden 19. Jahrhundert die Bautätigkeit voran. Doch dauerte es wegen technischer Schwierigkeiten noch bis zum Jahr 1914, ehe der Wasserweg eröffnet werden konnte. Diese Verzögerung stürzte viele Spekulanten in den Ruin.

Wäre das im Jahre 1559 von spanischen Einwanderern besiedelte Pensacola nach einem schweren Hurrikan nicht schon zwei Jahre später aufgegeben worden, könnte es heute das Prädikat »älteste Stadt Floridas« für sich in Anspruch nehmen. Doch damit schmückt sich St. Augustine, während der Panhandle über die Jahrhunderte fast in der Bedeutungslosigkeit versank und längst als die provinziellste Region Floridas gilt. In den Ohren mancher Urlauber hört sich dies weniger wie ein Makel, sondern eher wie eine Einladung an.

Große Teile des Panhandle sind von schneeweißen Stränden gesäumt, die im Sommer Badegäste aus dem In- und Ausland anlocken. In den Badeorten wird das Warenangebot hauptsächlich von T-Shirts, Sonnenbrillen und Schlauchbooten bestimmt.

BUD
ON TAP
Coors
BEER

# Daten und Fakten

## Zeittafel

CA. 10 000 V. CHR.
Die ersten Ureinwohner Amerikas tauchen in Florida auf, nachdem sie wahrscheinlich schon 20 000 Jahre zuvor eine damals bestehende Landbrücke zwischen Asien und Nordamerika überquerten.

CA. 5 000 V. CHR.
Die bisherigen indianischen Jäger- und Sammlergesellschaften beginnen ihre Lebensweise vom reinen Nomadentum zum Halbnomadentum zu verändern. Damit einher gehen auch Veränderungen in der Ernährungsweise.

CA. 2 000 V. CHR.
Auftauchen der ersten indianischen Töpfereien.

CA. 1 000 V. CHR.
Künstliche Bewässerungskanäle und ständig bewirtschaftete Felder lassen auf eine grundsätzlich veränderte Lebensweise der unterschiedlichen indianischen Gruppen schließen.

CA. 100 V. CHR.
Auftauchen der ersten Bestattungshügel, in denen meist

prominente Tote mit reichen Grabbeigaben zur letzten Ruhe gebettet werden.

UM 200 N. CHR.

Im nördlichen Florida zeigen sich die Einflüsse der sich von den Küstenebenen Georgias ausbreitenden Fort-Walton-Kultur. Auf der Florida-Halbinsel leben zu diesem Zeitpunkt etwa 100000 Indianer, die sich in verschiedene Stammesgruppen aufspalten, wie Timucua, Calusa, Apalachee und Tequesta.

1492

Der in spanischen Diensten stehende Genueser Christoph Kolumbus erreicht auf seiner ersten Reise die Neue Welt.

1513

Der Spanier Juan Ponce de León landet als erster Europäer in Florida.

1559

Der spanische Entdecker Tristan de Luna errichtet im späteren Pensacola eine nur zwei Jahre existierende Ansiedlung.

1563

Der französische Seefahrer Jean Ribaut erkundet die Küsten Floridas und läßt sie kartographieren.

1565

Erste französische Kolonisten siedeln in Nordflorida. Im gleichen Jahr gründet der Spanier Pedro Menéndez de

Aviles St. Augustine, die erste ständige Ansiedlung auf US-Boden.

**1586**
Der englische Seefahrer Sir Francis Drake brennt St. Augustine nieder.

**1672**
Spanier beginnen mit dem Bau des Castillo de San Marcos in St. Augustine.

**1763**
Im Frieden von Paris tritt Spanien die Halbinsel Florida an England ab.

**1783**
England gibt Florida im Austausch gegen die Bahamas und Gibraltar an Spanien zurück.

**1795**
Grenzziehung zwischen den USA und Spanien (Nordgrenze Floridas) entlang dem 31. Breitengrad.

**1803**
Nach dem Louisiana Purchase erheben die USA territoriale Ansprüche auf Floridas äußersten Westen.

**1813**
US-General Andrew Jackson vertreibt die Engländer aus Pensacola.

**1819**
Spanien tritt Florida für fünf Millionen Dollar an die USA ab.

**1824**
Tallahassee wird Hauptstadt von Florida.

**1835**
Der Zweite Seminolen-Krieg (1835–1842) entzündet sich an der Weigerung der Seminolen-Indianer, Florida zu verlassen.

**1842**
Mit dem Arms Occupation Act wird Florida für die weiße Besiedlung freigegeben.

**1845**
Florida wird 27. Bundesstaat der Amerikanischen Union und hat zu diesem Zeitpunkt knapp 60000 Einwohner.

**1861**
Florida verläßt zu Beginn des Amerikanischen Bürgerkrieges die Amerikanische Union.

**1868**
Allen weißen und schwarzen männlichen Bürgern über 21 Jahren garantiert die Verfassung das Wahlrecht.

**1884**
In Florida erreicht die erste Eisenbahn Tampa an der Golfküste.

**1896**
Fertigstellung der von Henry Morrison Flagler gebauten Florida East Coast Railroad bis nach Miami.

**1912**
Der erste Zug erreicht Key West an der Südspitze der Florida Keys.

**1935**
Ein verheerender Hurrikan hinterläßt über 400 Tote und schwere Schäden auf den mittleren Keys.

**1954**
Fertigstellung der Sunshine-Skyway-Brücke über die Lower Tampa Bay.

**1958**
Mit »Explorer I« wird der erste US-Satellit von Cape Canaveral aus in den Weltraum geschickt. Der erste Düsenjet verkehrt auf der Fluglinie New York–Miami.

**1959**
Nach dem erfolgreichen Putsch von Fidel Castro in Kuba kommen die ersten kubanischen Flüchtlinge nach Miami.

**1961**
Der Astronaut Alan B. Shepherd unternimmt von Cape Canaveral aus den ersten bemannten Raumflug der USA.

**1969**
Die Mannschaft von »Apollo II« betritt nach dem Start vom Raumfahrtzentrum Cape Kennedy den Mond.

**1971**
Eröffnung von Walt Disney World in Orlando.

**1986**
Bei der Explosion des Space Shuttle »Challenger« kommen sieben Astronauten ums Leben.

**1988**
Nach zweijähriger Raumfahrtpause nach der »Challenger«-Katastrophe setzt die NASA ihre Flüge in den Orbit fort.

**1992**
Wirbelsturm »Andrew« verwüstet im Südosten Floridas ganze Landstriche. 60 Menschen kommen in der Naturkatastrophe um, die Sachschäden in Höhe von 20 Milliarden Dollar verursacht.

**1994/95**
Neue Flüchtlingswellen aus Kuba erreichen das südliche Florida.

# Florida von A bis Z

## An- und Einreise

Florida besitzt mit Orlando, Tampa und Miami drei große internationale Flughäfen, die auch von Europa von mehreren Fluggesellschaften direkt angeflogen werden. Die Flugzeit beträgt zwischen neun und zehn Stunden bei einer Zeitverschiebung von sechs Stunden. Wer also vormittags um 9 Uhr in Frankfurt abfliegt, kommt auf dem Zielflughafen in Florida zwischen 12 und 13 Uhr Ortszeit an.
Grundsätzlich benötigt man für die Einreise einen mindestens noch sechs Monate gültigen Paß. Für Reisende aus Deutschland, Österreich und der Schweiz sind keine Visa mehr vorgeschrieben, sofern sich die Aufenthaltsdauer nicht über mehr als 90 Tage erstreckt. Auf dem Flug verteilen die Stewardessen Einreise- und Zollformulare, die nach der Landung ausgefüllt abgegeben werden müssen. Ein Abschnitt des Einreiseformulars wird in den Paß geheftet und muß bei der Ausreise vorgelegt werden. Einzelreisende müssen gelegentlich Rückflug- oder Weiterflugtickets vorlegen bzw. den Nachweis ausreichender Geldmittel erbringen. Die Einfuhr von Obst, Gemüse und Fleischwaren ist grundsätzlich verboten. Für Haustiere benötigt man ein amtsärztliches Zeugnis.

## Ärztliche Versorgung

Deutsche Krankenkassen haben kein Auslandsabkommen mit den USA. Eine Reisekrankenversicherung (z. B. bei Banken, Reisebüros oder über die Kreditkarte) ist deshalb dringend anzuraten. Medikamente, die regelmäßig eingenommen werden, sollten in genügender Menge mitgenommen werden. Auf deutsche Rezepte erhält man in den USA keine Arzneien.

## Behinderte

In den USA bemüht man sich, Behinderten möglichst viel Freiraum zu verschaffen. So bieten manche Motels und Hotels behindertengerechte Zimmer an. Öffentliche Einrichtungen verfügen über spezielle Parkplätze und Rampen. Auch in den meisten State und National Parks ist man stolz darauf, Rollstuhlfahrern zumindest einen Teil der Naturschönheiten zugänglich machen zu können. Wertvolle Tips erteilt in Deutschland: CBF, ARBEITSKREIS TOURISMUS FÜR ALLE, Werner Gößmann, Unter der Steige 7, 69245 Bamberg, Tel. 06223/47352. Mietwagengesellschaften in Deutschland bieten nach Anmeldung auch behindertengerechte Wagen mit Lenkradschaltung an (Avis, Hertz).

## Camping

Amerikaner lieben das Leben in freier Natur. An Campingplätzen herrscht deshalb in Florida kein Mangel. Viele Plätze werden nach der »First come, first served«-Regel (»Wer zuerst kommt…«) vergeben, andere wiederum können vorab reserviert werden. Wer in stark besuchten Regionen einen Platz auf gut Glück ergattern will, sollte möglichst früh erscheinen. Die Aufenthaltsdauer ist teilweise auf 7 bis 20 Tage begrenzt.
Eine Alternative zu staatlichen Plätzen bieten private Campgrounds, die häufig der Organisation KOA angehören. Hier finden auch Reisende mit Campmobilen Stellplätze. KOA-Campgrounds haben eine gute Ausstattung, oft Einkaufsmöglichkeiten und sind weit verbreitet. Preislich liegen sie allerdings höher als die staatlichen Campgrounds, Verzeichnisse über Campingmöglichkeiten bekommt man bei allen Chambers of Commerce.

## Elektrogeräte

Man sollte nur Elektrogeräte mitnehmen, die auf die Stromspannung von 110 bis 115 Volt umschaltbar sind. Da sich die amerikanischen Steckdosen von den deutschen unterscheiden, benötigt man einen Adapter (erhältlich in Deutschland in Elektrogeschäften oder Kaufhäusern).

## Feste und Veranstaltungen

JANUAR
Am zweiten Wochenende des Monats feiert Miami Beach das ART-DÉCO-WOCHENENDE mit Oldtimer-Paraden und viel Musik als Reminiszenz an die Architekturgeschichte.
FEBRUAR
Mit der CASPARILLA INVASION erinnert sich Tampa an alte Zeiten, wenn als Piratenkapitäne und Seeräuber verkleidete Festteilnehmer durch die Straßen ziehen.
Beim DAYTONA 500 auf dem Speedway in Daytona Beach gibt es beim wohl größten Stockcar-Rennen Amerikas ziemlich viel verbogenes Blech.
Fort Myers gedenkt beim EDISON FESTIVAL OF LIGHT des großen Erfinders Thomas Edison, der in der Stadt seinen Zweitwohnsitz unterhielt.
In Coconut Grove gehen beim ARS FESTIVAL Künstler auf die Straße.
MÄRZ
Zur DAYTONA BIKE WEEK in Daytona Beach reist alles an, was sich auf zwei motorisierten Rädern bewegt. Alljährlich wird die Veranstaltung zum größten Treffen von Harley-Davidson-Fans aus aller Welt.
Beim CALLE OCHO FESTIVAL kommen vor allem die um die Eighth Street in Miami lebenden Kubaner in Stimmung.
APRIL
Bei der DE SOTO CELEBRATION in Bradenton an der Golfküste erinnern sich die Teilnehmer an die Landung des spanischen Entdeckers Hernando de Soto an der Florida-Küste im Jahr 1539.
MAI
FRÜHLINGSFEST mit Paraden, Kunstausstellungen und Musik in Clearwater.
West Palm Beach begeht mit dem SUNFEST das größte im Freien stattfindende Jazz-Festival im Süden des Landes.
JUNI
Das SPANISH NIGHT WATCH WEEKEND in St. Augustine läßt alte Zeiten wiederauferstehen mit Teilnehmern in historischen Kostümen, mit Musikanten, Gauklern und Kunsthändlern.
JULI
Am amerikanischen Unabhängigkeitstag am 4. Juli feiert die ganze Nation. In vielen Orten in Florida finden Paraden und Feuerwerke statt.
In Key West geht es beim HEMINGWAY FESTIVAL u. a. darum, wer dem großen Schriftsteller am ähnlichsten sieht.
AUGUST
BOCA FESTIVAL DAYS in Boca Raton mit Ausstellungen und Verkauf von Kunst und Kunstgewerbe. Gleichzeitig findet ein Wettbewerb im Sandburgenbauen statt.
OKTOBER
Im John's Pass Village südlich von Clearwater findet Mitte des Monats das JOHN'S PASS SEAFOOD FESTIVAL statt, zu dem regelmäßig über 100000 Besucher kommen, um Krabben und andere Meeresfrüchte zu probieren.
NOVEMBER
In Apalachicola geht es beim FLORIDA SEAFOOD FESTIVAL ausschließlich um eines: Austern, die nirgends so köstlich schmecken wie hier.
DEZEMBER
Mit Pomp und Musik geht am Silvesterabend in Miami

die ORANGE JAMBOREE PARADE über die Bühne, mit der sich die Bevölkerung vom alten Jahr verabschiedet und zugleich das neue Jahr begrüßt.

## Fotografieren und Filmen

Vor allem Dia-Filme sind in den USA viel teurer als in Deutschland. An einer Sonnenblende und einem Polarisationsfilter trägt man nicht schwer. Im Hochsommer erweist sich eine Isolierbox als äußerst praktisch, um Filme bei Autofahrten kühl zu halten. Man bekommt Schaumstoff-Boxen in einfachen Ausführungen für wenig Geld in Supermärkten.

## Geld

Ausländische Währungen sollte man möglichst bereits im Heimatland in US-Währung umtauschen. Außerhalb der Großstädte kann es durchaus passieren, daß Banken keine europäischen Währungen tauschen. In großen Hotels werden in der Regel niedrigere Kurse bezahlt. Gut beraten ist man mit Dollar-Reiseschecks. Bei Verlust werden sie ersetzt, und in Florida kann man sie wie Bargeld verwenden. Wer Kreditkarten besitzt, kann mit einer PIN-Nummer (Personal Identification Number) von Geldautomaten Bargeld abheben. Vorsicht mit US-Dollarnoten. Die Scheine sind allesamt gleich groß, so daß man sie leicht verwechseln kann.

## Informationen

Seit sich im Jahr 1996 mit dem USTTA in Frankfurt die zentrale US-amerikanische Fremdenverkehrsorganisation auflöste, nehmen die Repräsentanten einzelner Staaten bzw. Staatengruppen und Organisationen in Deutschland die Interessen der Gebiete wahr.

Florida Division of Tourism
Schillerstr. 10
60313 Frankfurt/Main
Tel. 069/1310731
Fax 069/1310647
Broschüren, Landkarten und Hotelverzeichnisse über ganz Florida und zu bestimmten Schwerpunktgebieten

Orlando Conventions & Visitors Bureau
c/o Bergold Promotions
Kleine Hochstr. 9
60313 Frankfurt/Main
Tel. 069/289685
Fax 069/295974

Palm Beach County Conventions & Visitors Bureau
Wiechmann Tourism Services
Scheidswaldstr. 73
60385 Frankfurt/Main
Tel. 069/435664
Fax 069/439631

Fremdenverkehrsamt St. Petersburg/Clearwater Convention & Visitors Bureau
c/o Schuch-Beckers Touristic Services
Alt Erlenbach 25
60437 Frankfurt/Main
Tel. 06101/44052
Fax 06101/4524

Fremdenverkehrsamt Lee County/Florida
Postfach 1741
63887 Miltenberg
Tel. 09371/69945

Fremdenverkehrsamt Fort Lauderdale
c/o Mangum Management
Herzogspitalstr. 5
80331 München
Tel. 089/267609
Fax 089/2604009

## Klima und Reisezeit

Der »Sunshine State« präsentiert sich nach außen hin zwar als ein ganzjähriges Sonnenparadies. Dennoch ist das Land in zwei Klimazonen aufgeteilt, die sich merklich voneinander unterscheiden. Die Trennungslinie zwischen den beiden Zonen verläuft etwa auf der Höhe von Orlando. Die weiter nördlich liegenden Landesteile bekommen die kalte Jahreszeit mit kühleren Temperaturen zu spüren, so daß man abends einen wärmenden Pullover vertragen kann. Im Panhandle bekommen die Einwohner im Winter gelegentlich sogar ein paar Schneeflocken zu sehen. Südlich von Orlando wird Florida seiner Reputation als sonnenverwöhnter Bundesstaat voll und ganz gerecht. Zwischen November und April herrscht etwa auf den Florida Keys Hauptsaison mit frühlingshaft warmen Temperaturen und wenig Niederschlägen. In diesen Monaten zieht es Besucher und Einheimische gleichermaßen in die Naturregionen, weil man dann selbst die Sumpfgebiete ohne Moskitoschwärme erleben kann. Die Sommer zwischen Mai und Oktober sind im südlichen Landesteil heiß und nicht selten so schwül, daß man nachmittägliche Gewitterregen als wohltuende Abkühlung empfindet. Auch der Norden Floridas bekommt in dieser Zeit so viel Sonne ab, daß zu den Florida Keys kein großer klimatischer Unterschied mehr besteht.

## Lage und Geographie

Mit 151714 Quadratkilometern belegt Florida unter den 50 US-Bundesstaaten flächenmäßig den 22. Rang. Vom gesamten Territorium entfallen auf die rund 10000 Seen und 166 Flüsse insgesamt 11458 Quadratkilometer. Unangefochten an der Spitze der nationalen Rangliste liegt der Sonnenscheinstaat mit seinen zirka 6000 Kilometer langen Küstenlinien. Der höchste Punkt auf der Staatsfläche ist ein 105 Meter hoher Hügel im äußersten Nordwesten bei Lakewood nicht weit von der Grenze zu Alabama entfernt. In Nord-Süd-Richtung erstreckt sich Florida etwa vom 31. bis zum 26. Breitengrad. Diese Lage entspricht in etwa der Region zwischen Alexandria und Assuan in Ägypten.

**Rechte Seite: Architektonisch zeigt sich Florida nicht nur supermodern, sondern mancherorts auch durch europäische Vorbilder geprägt.**

## Mietwagen

Die Anmiete von Autos in den Zielflughäfen Floridas ist problemlos. Man muß den Führerschein, eine Kreditkarte und seine Heimatadresse vorlegen und bekommt sofort einen Mietvertrag ausgestellt.
Sofern man das Fahrzeug schon zu Hause reserviert hat, sollte man auch auf dem betreffenden Wagentyp bestehen und sich nicht gegen seinen eigentlichen Wunsch zu einem teureren Auto überreden lassen. Spezielle Zubringerbusse der jeweiligen Vermietfirma bringen Gäste zu den am Rand der Flughäfen gelegenen Arealen, wo man sein Fahrzeug übernimmt.

## Telefonkarten

Kreditkarteninhaber können bereits in Deutschland unterschiedliche Telefonkarten bestellen und dann in den USA unter Angabe der jeweiligen persönlichen Erkennungsnummer direkt nach Hause telefonieren. Die Kosten werden über die Kreditkarte abgerechnet. Die T-Card der Telekom bietet einen ähnlichen Service.

## Zeitzone

Florida liegt in der »Eastern Time Zone« (MEZ minus sechs Stunden). Da auch Amerika auf die Sommerzeit umstellt, bleibt die Zeitdifferenz in der warmen Jahreszeit bestehen.

# Kleiner Hotelführer

Wer ohne feste Hotelbuchungen durch Florida reist, sollte sich zumindest für die erste Nacht möglichst nicht allzuweit vom Ankunftsflughafen ein Zimmer reservieren.
Größere Hotels setzen eigene Hotelbusse vom Flughafen ein, was nach einem ermüdenden Flug angenehm ist. Oder man nimmt dort seinen reservierten Mietwagen in Empfang. Bei telefonischer Buchung (sehr zu empfehlen in der Hochsaison und besonders an den Wochenenden) wird das Zimmer nur bis 18 Uhr reserviert gehalten. Bucht man allerdings über die Kreditkarte, kann man dies vermeiden. In diesem Falle wird die Übernachtung aber auf jeden Fall angerechnet, selbst wenn man dort nicht übernachtet.
Auf dem Land gibt es überall die bequemen Motels, wo der Wagen direkt vor der Zimmertür abgestellt werden kann. Die »Motelmeilen« sind in der Regel Ausfallstraßen, an denen sich die Unterkünfte aneinanderreihen. Schilder mit der Aufschrift »Vacancy« bedeuten freie Zimmer; bei »No Vacancy« ist alles belegt. Die Preise unterscheiden sich für Einzel- oder Doppelbelegung kaum, eine dritte Person kann oft gegen einen kleinen Aufpreis übernachten. Wo ein Frühstück im Preis inbegriffen ist, handelt es sich um ein »Continental breakfast«, das nach amerikanischem Verständnis aus Kaffee oder Tee und einem süßen Gebäck oder einem Schälchen Getreideflocken besteht.
Einzelzimmer werden selten angeboten. In der Regel sind Räume mit zwei Betten oder einem Doppelbett ausgestattet, wobei nach Bettengröße unterschieden wird: »Queen Size« ist ein schmaleres, französisches Doppelbett, »King Size« ein großes Doppelbett. Die Preise variieren von ca. 25 bis weit über 100 Dollar für ein Doppelzimmer, wobei auch die preiswerten Zimmer stets über Dusche, Telefon und Fernseher verfügen.

Im folgenden ist eine Reihe von empfehlenswerten Unterkünften nach Reiseregionen aufgelistet.

**Miami und die Atlantikküste**

CARDOZO
1300 Ocean Blvd.
Miami Beach, FL 33139
Tel. 305/535–6500
Fax 305/532–3563
Kleineres Hotel im Art-déco-Stil im »Auge des Sturmes« am Ocean Drive nur wenige Schritte vom Strand entfernt.

THE BREAKERS
1 South Country Rd.
Palm Beach, FL 33480
Tel. 407/659–8440
Fax 407/659–8403
Absolutes Top-Hotel mit allen Annehmlichkeiten vom Swimmingpool über 19 Tennisplätze bis zum Fitneß-Studio und Golfplatz.

PALM BEACH HISTORIC INN
365 S. County Rd.
Palm Beach, FL 33480
Tel. 407/832–4009
Fax 407/832–6255
Mitten im Zentrum des Städtchens gelegene historische Herberge mit renovierten und mit allem Komfort ausgestatteten Räumen.

THE FAIRBANKS HOUSE
227 S. Seventh St.
Amelia Island, FL 32034
Tel. 1–800/261–4838
Fax 904/277–3103
1885 im Stil eines italienischen Palazzo erbautes Inn mit Swimmingpool, einem wunderschönen Garten und stilecht ausgestatteten Räumen.

**Florida Keys**

JULES' UNDERSEA LODGE
abseits des Overseas Hwy.,
MM (Mile Marker) 103.5
Key Largo, FL 33037
Tel. 305/451–2353
Das einzige Unterwasser-Hotel der Welt mit Räumlichkeiten für sechs Taucher, einem Unterhaltungsraum und Speisezimmer – alles in gut neun Metern Tiefe. Wer nicht die ganze Nacht bleiben will, kann sich auch nur für drei Stunden einmieten.

PELICAN COVE RESORT
84457 Overseas Hwy.,
MM 84,5
Islamorada, FL 33036,
P.O. Box 633
Tel. 305/664–4435
Fax 305/664–5123
Direkt am Atlantik gelegene Hotelanlage mit sehr geräumi-

gen, freundlichen Zimmern. Neben Tennis werden vor allem wassersportliche Aktivitäten und auch Paragliding angeboten. Das Hotel liegt günstig für eine Erkundung der nördlichen Florida Keys. Preis: Doppelzimmer ab ca. 120 Dollar.

HOLIDAY INN MARATHON MARINA
13201 US Hwy. 1, MM 54
Marathon, FL 33050
Tel. 305/289–0222
Das Hotel besteht aus unterschiedlichen Gebäudetrakten, die sich um die örtliche Marina mit vielen Bootsanlegestellen verteilen. Neben einem Swimmingpool wartet die Anlage mit einem eigenen Restaurant auf. Den Lunch kann man an einer Barbecue-Stelle im Freien einnehmen. Ein hoteleigener Tauchladen verleiht Gerätschaften für die Unterwassererkundung. Preis: Doppelzimmer ab 80 Dollar.

SHERATON SUITES
2001 S. Roosevelt Blvd.
Key West, FL 33040
Tel. 305/292–800
Fax 305/294–9006
Einen Steinwurf vom Smathers Beach entfernt gelegen, bietet diese sehr gepflegte Hotelanlage aus 180 Suiten, einem Restaurant und einem Swimmingpool ihren Gäste eine ruhige Oase, um von der Betriebsamkeit des Zentrums von Key West zu verschnaufen. Preis: Suiten ab ca. 220 Dollar.

MARQUESA HOTEL
600 Fleming St.
Key West, FL 33040
Tel. 305/292–1919
Fax 305/294–2121
Das Anwesen stammt aus dem Jahr 1884 und bietet mit seiner breiten Veranda sowie der umgebenden Blütenpracht von Bougainvillea-Sträuchern und Rosen ein idyllisches karibisches Ambiente.

**Golfküste**

WYNDHAM HARBOUR ISLAND
725 S. Harbour Island Blvd.
Tampa, FL 33602
Tel. 813/229–5000
Fax 813/229–5322
Schönes Stadthotel der Spitzenklasse in Downtown Tampa, aber dennoch ruhig und mit vielen Sportmöglichkeiten.

LA QUINTA
3301 Ulmerton Rd.
Clearwater, FL 34622
Tel. 813/572–7222
Fax 813/572–0076
Gehört zu den preiswerteren Unterkünften vor Ort, bietet aber dennoch einige Annehmlichkeiten.

SUNDIAL BEACH & TENNIS RESORT
1451 Middle Gulf Dr.
Sanibel Island, FL 33957
Tel. 813/472–4151
Fax 813/472–1809
Schönes Strandhotel mit geräumigen Zimmern und Suiten, eigenem Strandabschnitt und vielen Sportmöglichkeiten.

**Die Vergnügungsparks um Orlando**

DISNEY'S GRAND FLORIDIAN BEACH RESORT
4401 Grand Floridian Way
Lake Buena Vista, FL 32055
Tel. 407/824–3000
Fax 407/824–3186
Von diesem sehr eleganten Hotel bis zum Magic Kingdom sind es nur wenige Schritte.

**Der Panhandle**

RADISSON
415 N. Monroe Ave.
Tallahassee, FL 32301
Tel. und Fax 904/224–6000
Bequemes Stadthotel, von dem alle Sehenswürdigkeiten im Zentrum gut zu erreichen sind.

BEST WESTERN DEL CORONADO
11815 Front Beach Rd.
Panama City Beach, FL 32407
Tel. 904/234–1600
Fax 904/633–0266
Das Motel besitzt einen eigenen Pool und ein Restaurant.

HOMESTEAD INN
7830 Pine Forest Rd.
Pensacola, FL 32526
Tel. 904/944–8800, kein Fax
Freundliche Unterkunft im Country-Stil, Frühstück inklusive, einige Zimmer sind mit offenem Kamin ausgestattet.

# Personen- und Sachwortverzeichnis

Die **fett** gesetzten Ziffern verweisen auf ausführliche Erwähnungen, die *kursiven* auf Bildlegenden.

Eine Produktion des
Bruckmann-Teams, München

Konzeption (verantwortlich):
Robert Fischer

Lektorat: Dr. Sabine Klinkert

Bildredaktion: Robert Fischer

Produktion und Layout:
VerlagsService Dr. Helmut Neuberger
& Karl Schaumann GmbH, Heimstetten

Herstellung: Peter Schneider

Alle Bilder dieses Bandes stammen von
Manfred Braunger, Freiburg.

Kartographie der Übersichtskarten:
Elsner & Schichor, Karlsruhe.

Alle Angaben dieses Werkes wurden vom Autor sorgfältig recherchiert und auf den aktuellen Stand gebracht sowie vom Verlag auf Stimmigkeit geprüft. Für die Richtigkeit der Angaben kann jedoch keine Haftung übernommen werden. Für Hinweise und Anregungen sind wir jederzeit dankbar. Bitte richten Sie diese an den Bruckmann Verlag, Lektorat, Nymphenburger Straße 86, 80636 München.

Gedruckt auf chlorfrei gebleichtem Papier

Die Deutsche Bibliothek –
CIP-Einheitsaufnahme

**Braunger, Manfred:**
Florida / Manfred Braunger. – München :
Bruckmann, 1996
(Bruckmanns Länderporträts)
ISBN 3-7654-2943-0
NE: HST


Gesamtherstellung: Bruckmann,
München
Druck: Gerber + Bruckmann, München
Printed in Germany
ISBN 3-7654-2943-0